驭驾驭简单

YUJIA YUJIANDAN

让安全有温度

让驾驶有文化

本书编写组 编

人民交通出版社股份有限公司
China Communications Press Co.,Ltd.

内 容 提 要

本书为“考啦考啦”全国驾校联盟指定的机动车驾驶培训教材，该教材依据教学实际和学习规律编写而成，分理论与实操两篇。书中部分内容增加了视频二维码，更加直观生动，适用于所有驾龄段的驾驶者学习使用。

图书在版编目（CIP）数据

驭驾驭简单 /《驭驾驭简单》编写组编 .—北京：人民交通出版社股份有限公司，2019.5

ISBN 978-7-114-15326-6

Ⅰ.①驭… Ⅱ.①驭… Ⅲ.①汽车驾驶员—技术培训—教材 Ⅳ.① U471.3

中国版本图书馆 CIP 数据核字 (2019) 第 000087 号

书　　名：驭驾驭简单
著 作 者：本书编写组
责任编辑：李　洁　范才彬　范　坤
责任校对：尹　静
责任印制：张　凯
出版发行：人民交通出版社股份有限公司
地　　址：(100011) 北京市朝阳区安定门外外馆斜街 3 号
网　　址：http://www.ccpress.com.cn
销售电话：(010)65290014
总 经 销：人民交通出版社股份有限公司
经　　销：各地新华书店
印　　刷：北京凯鑫彩色印刷有限公司
开　　本：787 × 980　1/16
印　　张：8
字　　数：191 千
版　　次：2019 年 5 月　第 1 版
印　　次：2019 年 5 月　第 1 次印刷
书　　号：ISBN 978-7-114-15326-6
定　　价：40.00 元

致驾驶学员朋友

尊敬的学车伙伴，您好！

非常感谢您选择考啦考啦加盟驾校，我们因您的选择而绚丽，您也会因此而变得幸运。

考啦考啦汇聚了国内最具影响力的驾考品牌，决心与最专注深耕驾考行业的伙伴一起，用匠心为您缔造最优学驾体验，用艰辛为您打造最快速度传奇，用诚信为您学驾之路保驾护航。所以，您选择考啦考啦是我们的荣耀，也是您的幸运。

在国内建立起越来越多以学驾者安全驾驶习惯为传技目标的驾驶培训机构，是考啦考啦及所有联盟驾校的共同心愿。在这里，我们会重新定义安全，在您不知不觉之间赋予久远。给驾培与安全一片净土，予诚信与情怀一片天地，布道路与生命一程祥瑞，是所有考啦考啦联盟者的共同心声和不懈追求。最后，让我和您一起为实现道路交通安全事故零伤亡愿景不懈地努力吧！

谢谢您选择的褒奖！

愿您明天永远幸福！

考啦考啦全国驾校联盟创始人：

利安集团

——专注驾培　天道酬正

河北利安投资集团是致力于培育驾培新生态圈，培养文明、安全的机动车新型驾驶员，创新驾校管理模式和应用平台，以开发驾驶技能传递力为使命的大型驾驶人训考集团。集团1998年成立至今已近21年，现有员工1200余人，训考车型涵盖C1、C2、C5、B1、B2、A2、A1。集团下辖河北利安驾校、石家庄百纳利安驾校、藁城和顺冀通驾校、宁晋华燕驾校、隆尧安隆驾校5家规范化驾驶培训机构。

利安集团年培训驾驶员五万余人，在驾驶技能传递、安全意识培养上一直走在行业的前列。2015年开始，集团所属驾校陆续与机器人教练结合，成为全国首家实现人工智能教学的驾训集团。自1998年以来，利安人孜孜不倦的开发驾驶技能传递力，凭借工匠级的专注精神和恪守诚信的道德品质，在驾培企业林立的中国市场打造出以“利人者己安”为核心的利安品牌。

编写工作小组

组　长：马　宏　张大勇

副组长：林　萌　李　洁

成　员：（按姓氏笔画排序）

王　飞　王苏滨　王国刚　王金霞　王献伟

伍　玉　刘　建　刘海龙　刘淑静　江明波

许伟雪　李　静　杨彦杰　吴永生　吴志宏

张　军　张成康　陈井艳　陈际平　陈玲同

苗　健　范才彬　范海燕　周　娟　周曦方

胡　莹　夏　韡　高建庭　龚雪浓　雷治高

薛谷明

教材使用说明

本教材为“考啦考啦”全国驾校联盟培训教材，该教材适用于小型汽车、小型自动挡汽车和低速载货汽车驾驶者培训使用，也可供所有驾龄段的驾驶者学习参考。

1.主要内容

本教材依据教学实际进行编写，正文部分共分三章，第一章和第二章为理论篇，第三章为实操篇。

章	考试项目	学习内容
第一章	科目一法律、法规相关知识	重点讲述道路交通法律和法规、交通信号等内容。
第二章	科目三安全文明驾驶常识	重点讲述文明礼让、防御性驾驶常识等内容
第三章	科目二场地驾驶技能、科目三道路驾驶技能	重点讲述基础驾驶知识、驾驶技术养成、实际驾驶演练等内容

注：第一章和第二章配有易混淆试题详解

2.插图说明

表示错误的操作动作

表示正确的操作动作

3.名词术语的解释

为了方便读者使用与理解，下面我们列出了各种常见规范术语与通俗叫法、单位名称与单位符号对照关系。

规范术语	通俗叫法	单位名称	单位符号
转向盘	方向盘	公里　千米	km
制动	刹车	米	m
制动踏板	脚刹　刹车踏板	转／分	r/min
驻车制动器	手刹　手制动器　驻车制动踏板	厘米	cm
前照灯	灯　大灯　前大灯	毫米	mm
刮水器	雨刮器　雨刮　雨刷	千帕	kPa
加速踏板	油门踏板　油门	升	L

目录

第一章

驾驶者应掌握的基本知识

第一节 交通法规

项目一 关于驾驶证

一 驾驶许可

驾驶者应当按照驾驶证载明的准驾车型驾驶机动车；驾驶机动车时，应当随身携带驾驶证。驾驶证丢失、损毁、超过有效期或者被依法扣留、暂扣期间以及记分达到12分的，不得驾驶机动车。

二 驾驶证的准驾车型

准驾车型及代号详见下表。

准驾车型及代号

<table>
<tr><th>准驾车型</th><th>代号</th><th>准驾的车辆</th><th>准予驾驶的其他准驾车型</th></tr>
<tr><td>大型客车</td><td>A1</td><td>大型载客汽车</td><td>A3、B1、B2、C1、C2、C3、C4、M</td></tr>
<tr><td>牵引车</td><td>A2</td><td>重型、中型全挂、半挂汽车列车</td><td>B1、B2、C1、C2、C3、C4、M</td></tr>
<tr><td>城市公交车</td><td>A3</td><td>核载10人以上的城市公共汽车</td><td>C1、C2、C3、C4</td></tr>
<tr><td>中型客车</td><td>B1</td><td>中型载客汽车(含核载10人以上、19人以下的城市公共汽车)</td><td rowspan="2">C1、C2、C3、C4、M</td></tr>
<tr><td>大型货车</td><td>B2</td><td>重型、中型载货汽车；重型、中型专项作业车</td></tr>
<tr><td>小型汽车</td><td>C1</td><td>小型、微型载客汽车以及轻型、微型载货汽车；轻型、微型专项作业车</td><td>C2、C3、C4</td></tr>
<tr><td>小型自动挡汽车</td><td>C2</td><td>小型、微型自动挡载客汽车以及轻型、微型自动挡载货汽车</td><td></td></tr>
<tr><td>低速载货汽车</td><td>C3</td><td>低速载货汽车</td><td>C4</td></tr>
<tr><td>三轮汽车</td><td>C4</td><td>三轮汽车</td><td></td></tr>
<tr><td>残疾人专用小型自动挡载客汽车</td><td>C5</td><td>残疾人专用小型、微型自动挡载客汽车(允许上肢、右下肢或者双下肢残疾人驾驶)</td><td></td></tr>
<tr><td>普通三轮摩托车</td><td>D</td><td>发动机排量大于50毫升或者最大设计车速大于每小时50公里的三轮摩托车</td><td>E、F</td></tr>
</table>

续上表

准驾车型	代号	准驾的车辆	准予驾驶的其他准驾车型
普通二轮摩托车	E	发动机排量大于50毫升或者最大设计车速大于每小时50公里的二轮摩托车	F
轻便摩托车	F	发动机排量小于等于50毫升，最大设计车速小于等于每小时50公里的摩托车	
轮式自行机械车	M	轮式自行机械车	
无轨电车	N	无轨电车	
有轨电车	P	有轨电车	

三 驾驶证有效期

驾驶证有效期分为6 年、10 年和长期。初次取得驾驶证的，有效期为6 年。

四 驾驶证申请条件

申请小型汽车(C1)、小型自动挡汽车(C2)、低速载货汽车(C3)驾驶证的人，应当符合：

1)年龄条件

(1)申请小型汽车(C1)、小型自动挡汽车(C2)的，在18 周岁到70 周岁之间；

(2)申请低速载货汽车(C3)的，在18周岁到60 周岁之间。

2)身体条件

(1)视力：两眼裸视力或者矫正视力达到对数视力表4.9 以上；单眼视力障碍，优眼裸视力或者矫正视力达到对数视力表5.0 以上，且水平视野达到150 度；

(2)辨色力：无红绿色盲；

(3)听力：两耳分别距音叉50 厘米能辨别声源方向；有听力障碍但佩戴助听设备能够达到以上条件的，也可以申请；

(4)上肢：双手拇指健全，每只手其他手指必须有三指健全，肢体和手指运动功能正常；双手手掌完整，手指末节残缺或者左手有三指健全；

(5)下肢：双下肢健全且运动功能正常，不等长度不得大于5 厘米。但左下肢缺失或者丧失运动功能的，可以申请小型自动挡汽车(C2)准驾车型的驾驶证；

(6)躯干、颈部：无运动功能障碍。

3)可初次申领的准驾车型

初次申领的准驾车型为城市公交车(A3)、大型货车(B2)、小型汽车(C1)、小型自动挡汽车(C2)、低速载货汽车(C3)、三轮汽车(C4)、残疾人专用小型自动挡载客汽车(C5)、普通三轮摩托车(D)、普通二轮摩托车(E)、轻便摩托车(F)、轮式自行机械车(M)、无轨电车(N)、有轨电车(P)。

五 驾驶证发证、实习期、换证、补证

1 发证

申请人考试合格后，应当接受不少于半小时的交通安全文明驾驶常识和交通事故案例警示教育，并参加领证宣誓仪式后，当日核发驾驶证。

2 实习期

初次申领驾驶证后的12个月为实习期。在实习期内驾驶机动车的，应当在车身后部粘贴或者悬挂统一式样的实习标志。

驾驶者在实习期内不得独自驾车上高速，应当由持相应或者更高准驾车型驾驶证3年以上的驾驶者陪同。

3 换证

1）有效期换证

在驾驶证6年有效期内，每个记分周期均未达到12分的，换发10年有效期的驾驶证；在驾驶证10年有效期内，每个记分周期均未达到12分的，换发长期有效的机动车驾驶证。

驾驶者应当在驾驶证有效期满前90日内，向车辆管理所申请换证。

2）转入换证

驾驶者户籍迁出的，应当向迁入地车辆管理所申请换证。

驾驶者居住地变更的，可以向居住地车辆管理所申请换证。

3）变更换证

驾驶证记载的驾驶者信息有变化的；驾驶证损毁无法辨认的，驾驶者应在30日内到车辆管理所申请换证。

4）补证

驾驶证遗失的，应向车辆管理所申请补发。补领驾驶证后，原驾驶证作废。驾驶证被扣押、扣留或暂扣期间，不得申请补发。

六 驾驶证注销

驾驶者具有下列情形之一的，车辆管理所应当注销其驾驶证：

（1）死亡的；

(2)提出注销申请的；

(3)丧失民事行为能力，监护人提出注销申请的；

(4)身体条件不适合驾驶机动车的；

(5)有器质性心脏病、癫痫病、美尼尔氏症、眩晕症、癔病、震颤麻痹、精神病、痴呆以及影响肢体活动的神经系统疾病等妨碍安全驾驶疾病的；

(6)被查获有吸食、注射毒品后驾驶机动车行为，正在执行社区戒毒、强制隔离戒毒、社区康复措施，或者长期服用依赖性精神药品成瘾尚未戒除的；

(7)超过驾驶证有效期1年以上未换证的；

(8)年龄在70周岁以上，在1个记分周期结束后1年内未提交身体条件证明的；

(9)驾驶证被吊销或者驾驶许可被撤销的。

驾驶者在实习期内被记满12分的，注销其实习的准驾车型驾驶资格。

七 驾驶证审验

1 需参加审验的情形

(1)换领机动车驾驶证时；

(2)持有大型客车、牵引车、城市公交车、中型客车、大型货车以外准驾车型的驾驶者，发生交通事故造成人员死亡承担同等以上责任未被吊销驾驶证的，应当在本记分周期结束后30日内接受审验。

2 审验内容

(1)道路交通安全违法行为、交通事故处理情况；

(2)身体条件情况；

(3)违法行为记分及记满12分后参加学习和考试情况。

八 驾驶者体检

年龄在70周岁以上的驾驶者，应当每年进行一次身体检查，在记分周期结束后30日内，提交有关身体条件的证明。

项目二 通行信号识别

通行信号包括交通信号灯、交通标志、交通标线和交警手势。

一 交通信号灯

交通信号灯包括机动车信号灯、车道信号灯、方向指示信号灯、闪光警告信号灯、道口信号灯、掉头信号灯。

1 机动车信号灯

机动车信号灯有红、黄、绿三种颜色。

2 车道信号灯

绿色箭头灯亮时，准许车道内车辆按箭头指示方向通行。

红色叉形灯亮时，禁止车辆进入该车道。

3 方向指示信号灯

准许右转弯信号灯

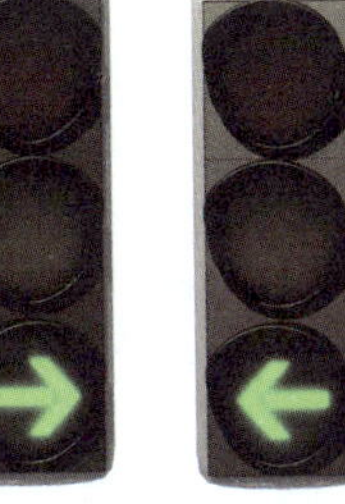

准许左转弯信号灯

准许直行和右转弯信号灯

4 闪光警告信号灯

5 道口信号灯

铁路道口两红灯交替闪烁或一个红灯亮起时，要在停止线外等候。

6 掉头信号灯

绿灯亮时，准许掉头，但不得妨碍其他车辆、行人通行。

红灯亮时，禁止掉头。

二 交通标志

交通标志包括警告标志、禁令标志、指示标志、指路标志、旅游区标志、作业区标志、告示标志和辅助标志8种。

交通标志

三 交通标线

交通标线按功能可分为指示标线、禁止标线和警告标线三类。

交通标线

四 交警手势信号

停止信号

示意车辆靠边停车信号

直行信号

变道信号

左转弯信号

右转弯信号

左转弯待转信号

减速慢行信号

当交通信号灯和交警指挥不一致时，需按交警指挥通行。

项目三　通行规则

一　道路通行原则

(1)实行右侧通行；

(2)按交通信号通行，遇交警指挥时，按交警指挥信号通行；

(3)同方向划有2条以上机动车道的，左侧为快速车道，右侧为慢速车道；有标明行驶速度的，按照标明的速度行驶；

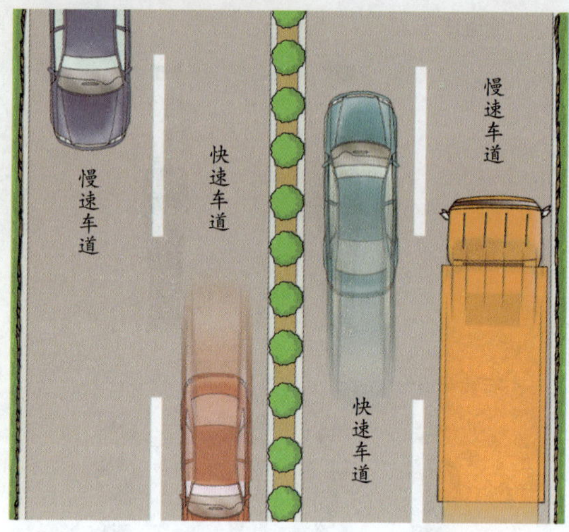

（4）专用车道内只准许规定的车辆通行；

（5）未划分车道的，机动车在道路中间通行，非机动车和行人在道路两侧通行。

二 灯光和喇叭的使用

1 灯光的使用

（1）向左转弯、向左变更车道、准备超车、驶离停车地点或者掉头时，应当提前开启左转向灯；

（2）向右转弯、向右变更车道、超车完毕驶回原车道、靠路边停车时，应当提前开启右转向灯；

（3）在雨、雪、沙尘、冰雹等低能见度情况下行驶时，开启前照灯、示廓灯和后位灯，不使用远光灯；

（4）雾天行驶时，开启雾灯、危险报警闪光灯、前照灯、示廓灯和后位灯；

（5）发生故障或者交通事故，妨碍交通又难以移动时，按照规定开启危险报警闪光灯，并在车后50米至100米处设置警告标志，夜间还应当同时开启示廓灯和后位灯；

（6）夜间驾驶时，开启前照灯、示廓灯和后位灯，不使用远光灯。夜间通过急弯、坡路、拱桥、人行横道、无交通信号灯的路口或者超车时，交替使用远、近光灯示意。

2 喇叭的使用

到达急弯、坡道顶端路段以及超车或者遇有紧急情况时，减速慢行，并鸣喇叭示意。

三 跟车与限制超车

（1）跟车时，保持安全距离；

（2）超车时，提前开启左转向灯，变换使用远、近光灯或者鸣喇叭提示前车。确认安全距离后，从前车的左侧超越，与前车拉开安全距离后，开启右转向灯，驶回原车道；

(3)不得在铁路道口、交叉路口、窄桥、弯道、陡坡、隧道、人行横道、市区交通流量大的路段超车；

(4)不能超越正在左转弯、掉头、超车的前车；

(5)遇到执行紧急任务的警车、消防车、救护车、工程救险车时，不得超车；

(6)在无道路中心线或者同方向只有一条机动车道的道路上，遇后车发出超车信号时，在条件许可的情况下，降低速度，靠右让路。

四 交叉路口通行

1 有交通信号灯的路口

(1)进入车道实线区后不得变更车道；

(2)准备进入环形路口的，让已在路口内的机动车先行；

(3)转弯让直行；

(4)右转让左转；

(5)遇黄灯持续闪烁的路口时，减速慢行，确认安全后通过。

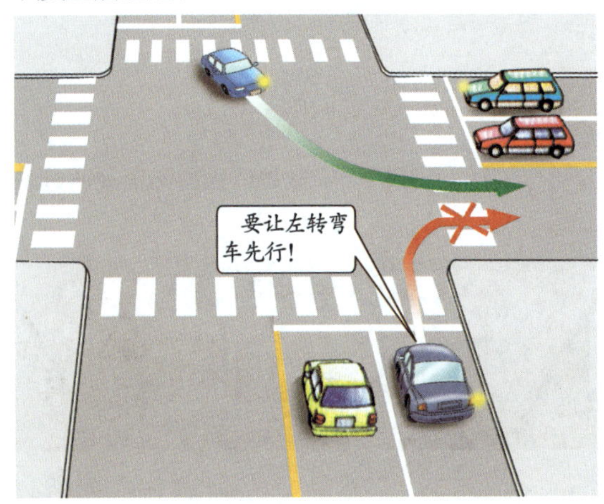

2 无交通信号灯的路口

(1)进入路口前停车瞭望，让右方道路的来车先行；

(2)转弯让直行；

(3)右转让左转；

(4)准备进入环形路口的，让已在路口内的机动车先行；

(5)让行人和优先通行的车辆先行。

五 变更车道

变更车道，不能影响其他车辆通行。遇到交警变道手势信号时，要及时按交警手势方向变更车道，腾空指定的车道，并减速慢行。

六 限速通行

为什么要实行限速通行

1 无限速标志道路的限速规定

没有道路中心线的城市道路限速30公里/小时。

没有道路中心线的公路限速40公里/小时。

同方向只有一条车道的城市道路限速50公里/小时。

同方向只有一条车道的公路限速70公里/小时。

2 限速30公里/小时的情形

（1）进出非机动车道，通过铁路道口、急转弯、窄路、窄桥；

（2）掉头、转弯、下陡坡；

（3）遇雾、雨、雪、沙尘、冰雹，能见度在50米以内；

（4）在冰雪、泥泞的道路上行驶；

（5）牵引发生故障的机动车。

会车

有障碍一方让无障碍的一方先行；但有障碍一方已驶入障碍路段而无障碍的一方未驶入时，有障碍的一方先行。

上坡的一方先行；但下坡的一方已行至中途而上坡的一方未上坡时，下坡的一方先行；在无道路中心线的狭窄山路会车，不靠山体的一方先行。

八 掉头与倒车

1 掉头

（1）有禁止掉头或者禁止左转弯标志、标线的地点禁止掉头；

（2）铁道路口、人行横道、桥梁、急弯、陡坡、隧道或者容易发生危险的路段禁止掉头。

2 倒车

不得在铁路道口、交叉路口、单行路、桥梁、急弯、陡坡或者隧道中倒车。

九 铁路道口通行

（1）按照交通信号或者管理人员的指挥通过铁路道口；

（2）没有交通信号或者管理人员的铁路道口，

要减速或者停车观察，确认安全后以不超过30公里/小时的速度通过；

(3)遇到两个红灯交替闪烁或者一个红灯亮时，要在停止线以外等待，等红灯熄灭时通行。

十 缓行、拥堵路段通行

遇有交通阻塞时，应当依次停在路口以外等候，不得进入路口；遇有前方停车排队等候或者缓慢行驶时，应当依次排队通行；不得从前方车辆两侧穿插或者超越。

遇有交通阻塞时，应依次停在路口以外等候，不得在人行横道、网状线区域内停车等候。

在车道减少的路口、路段，遇停车排队等候或者缓慢行驶的，应当每车道一辆依次交替驶入车道减少后的路口、路段。

十一 浸水路、漫水桥通行

行经浸水路、漫水桥时，应停车察明水情，确认安全后，低速通过。

十二 避让行人

各种情景下，减速慢行，让行人先行是首要原则，不得在人行横道区域内停车等候。

十三 校车优先

各种情景下，遵循校车优先原则。只有1条机动车道时，后方车辆不能超越；同方向有2条以上车道时，校车停靠的车道和相邻车道应当停车等待，不能鸣喇叭或者使用灯光催促校车。

十四 停车规定

（1）在路边停车时，应停放在停车泊位内；

（2）道路上临时停车，不得妨碍其他车辆和行人通行。在没有施划停车泊位的道路上，路边停车要紧靠道路右侧，按顺行方向停放，车身距道路边缘不超过30厘米，驾驶者不得离车；

（3）遇故障或交通事故停车时，应开启危险报警闪光灯。夜间须开启危险报警闪光灯、示廓灯和后位灯；

（4）在设有禁停标志、标线的路段，在设有隔离设施的路段以及人行横道、施工地段，不得停车；

（5）在距离公共汽车站、急救站、加油站、消防栓或者消防队（站）门前30米以内的路段不得停车；

（6）在交叉路口、铁路道口、急弯路、宽度不足4米的窄路、桥梁、陡坡以及距上述地点50米以内的路段，不得停车；

（7）车辆停稳前不得开车门和上下人员，开关车门不得妨碍其他车辆和行人通行。

十五 牵引故障车

（1）被牵引的机动车除驾驶者外不得载人，不得拖带挂车；

（2）被牵引的机动车宽度不得大于牵引机动车的宽度；

（3）使用软连接牵引装置时，牵引车与被牵引车之间的距离应当大于4米小于10米；

（4）对刹车失灵的车辆，应使用硬连接牵引装置牵引；

（5）牵引车和被牵引车均应当开启危险报警闪光灯；

（6）转向或者照明、信号装置失效的故障车，应使用专用清障车拖曳。汽车吊车和轮式专用机械车不得牵引车辆。

十六 高速公路通行规定

1 驶入驶出高速公路

（1）驾驶机动车应从匝道驶入高速公路，开启左转向灯；

（2）驶离高速公路时，提前开启右转向灯，先驶入减速车道，降低车速后驶入匝道。

2 分道限速规定

（1）高速公路上最高车速不得超过120公里/小时，最低车速不得低于60公里/小时；

（2）同方向有2条车道的，左侧车道的最低车速为100公里/小时；同方向有3条以上车道的，最左侧车道的最低车速为110公里/小时，中间车道的最低车速为90公里/小时。

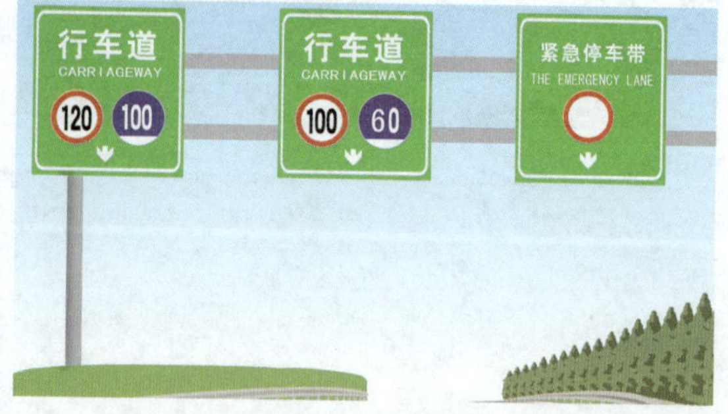

3 跟车距离

在高速公路上行驶，车速超过100公里/小时，应与前车保持100米以上的距离，车速低于100公里/小时，与前车最小距离不得少于50米。

4 低能见度下的车速与车距控制

在高速公路上行驶，遇有雾、雨、雪、沙尘、冰雹等低能见度气象条件的速度要求和车距要求：

（1）能见度小于200米时，开启雾灯、近光灯、示廓灯和前后位灯，车速不得超过60公里/小时，与前车保持100米以上的距离；

（2）能见度小于100米时，开启雾灯、近光灯、示廓灯、前后位灯和危险报警闪光灯，车速不得超过40公里/小时，与前车保持50米以上的距离；

（3）能见度小于50米时，开启雾灯、近光灯、示廓灯、前后位灯和危险报警闪光灯，车速不得超过20公里/小时，并从最近的出口尽快驶离高速公路。

5 故障处理

在高速公路上发生故障时，警告标志应设置在故障车来车方向150米以外，车上人员迅速转移到应急车道、右侧路肩上或者护栏外，并且迅速报警。

无法正常行驶的，由救援车、清障车拖曳、牵引。

6 禁止行为

（1）倒车、逆行、穿越中央分隔带掉头或者在车道内停车；

（2）在匝道、加速车道或者减速车道上超车；

（3）骑、轧车行道分界线或者在路肩上行驶；

（4）非紧急情况时在应急车道行驶或者停车；

（5）试车或者学习驾驶；

（6）载货汽车车厢在高速公路不得载人。

项目四 驾驶行为要求和违法处罚

一 驾驶行为要求

1 安全责任

上路行驶前，应对机动车安全技术性能进行检查，不得驾驶具有安全隐患的机动车。

2 驾驶禁止行为

（1）饮酒、服用国家管制的精神药品或者麻醉药品；

（2）患有妨碍安全驾驶的疾病；

（3）在车门、车厢没有关好时行车；

（4）在驾驶室悬挂、放置妨碍视线的物品；

（5）拨打接听手机、观看电视；

（6）下陡坡时熄火或者空挡滑行；

（7）向道路上抛撒物品；

（8）连续驾车超过4小时未停车休息或者停车休息少于20分钟；

（9）在禁止鸣喇叭的区域或者路段鸣喇叭。

3 载人载物规定

机动车载人不得超过核定人数。

机动车载物不得超过行驶证上核定的载质量，严禁超载；装载长度、宽度不得超出车厢。

4 避让特种车辆

遇到执行紧急任务的警车、消防车、救护车、工程救险车时，要及时让行。

5 牵引挂车

小型载客汽车只允许牵引旅居挂车或者总质

量 700 千克以下的挂车，挂车不得载人。

二 交通违法行为处罚

针对不同的交通违法行为，驾驶者会受到行政强制措施和行政处罚，情节严重时构成犯罪的，将会受到刑事处罚。

1 行政强制措施

不同违法情形的行政强制措施（适用于 C1、C2、C3 车型）

序号	行政强制措施	违法情形
1	扣留车辆	（1）上路行驶时，未悬挂号牌，未放置检验合格标志、保险标志，或者未随车携带行驶证、驾驶证的； （2）有伪造、变造或者使用伪造、变造及使用其他车辆机动车登记证书、号牌、行驶证、检验合格标志、保险标志、驾驶证嫌疑的； （3）未按照国家规定投保交强险的； （4）机动车有被盗抢嫌疑的； （5）机动车有拼装或者达到报废标准嫌疑的； （6）客车或者货车超载的
2	扣留驾驶证	（1）饮酒驾车的； （2）将车交由未取得驾驶证或者驾驶证被吊销、暂扣的人驾驶的； （3）行驶超过规定时速 50% 的； （4）驾驶有拼装或者达到报废标准嫌疑的机动车上路行驶的； （5）在一个记分周期内累积记分达到 12 分的
3	拖移机动车	违反车辆停放、临时停车规定，驾驶者不在现场或者虽在现场但拒绝立即驶离，妨碍其他车辆、行人通行的
4	检验体内相关物质含量	（1）对酒精呼气测试等方法结果有异议的； （2）涉嫌饮酒、醉酒驾车发生交通事故的； （3）涉嫌服用国家管制精神、麻醉药品后驾车的； （4）拒绝配合酒精呼气测试等方法测试的
5	收缴物品	非法安装警报器、标志灯具的

2 行政处罚

主要道路交通安全违法行为及具体处罚（适用于 C1、C2、C3 车型）

序号	违法行为	处罚
1	违反道路通行规定	警告或者 20 元以上 200 元以下罚款
2	饮酒后驾车	暂扣 6 个月驾驶证，并处 1000 元以上 2000 元以下罚款
	饮酒驾车被处罚，再次饮酒驾车	处 10 日以下拘留，并处 1000 元以上 2000 元以下罚款，吊销机动车驾驶证
	醉酒驾车	约束至酒醒，吊销驾驶证，依法追究刑事责任；5 年内不得重新取得驾驶证
	饮酒或者醉酒驾车发生重大交通事故，构成犯罪	依法追究刑事责任，吊销机动车驾驶证，终生不得重新取得驾驶证

续上表

序号	违法行为	处罚
3	上道路行驶未悬挂号牌，未放置检验合格标志、保险标志，或者未随车携带行驶证、驾驶证	扣留机动车，通知当事人提供相应牌证、标志或者补办相应手续，并处警告或者 20 元以上 200 元以下罚款
	故意遮挡、污损或者不按规定安装号牌	处警告或者 20 元以上 200 元以下罚款
4	伪造、变造或者使用伪造、变造登记证书、号牌、行驶证、驾驶证	予以收缴，扣留该机动车；处 15 日以下拘留，并处 2000 元以上 5000 元以下罚款；构成犯罪的，依法追究刑事责任
5	未投保交强险	暂扣车辆至依照规定投保后，并处依照规定投保最低责任限额应缴纳的保险费的 2 倍罚款
6	交通事故后逃逸，尚不构成犯罪	处 200 元以上 2000 元以下罚款；可以并处 15 日以下拘留
	超过规定时速 50%	处 200 元以上 2000 元以下罚款；可以并处吊销机动车驾驶证
	故意损毁、移动、涂改交通设施，造成危害后果，尚不构成犯罪	处 200 元以上 2000 元以下罚款；可以并处 15 日以下拘留
	非法拦截、扣留机动车辆，不听劝阻，造成交通严重阻塞或者较大财产损失	处 200 元以上 2000 元以下罚款；可以并处 15 日以下拘留
7	驾驶拼装车或已达到报废标准的机动车上路行驶	车辆予以收缴，强制报废；驾驶者处 200 元以上 2000 元以下罚款，并吊销驾驶证
8	违反交通法规，发生重大事故，并构成犯罪	依法追究刑事责任，并吊销驾驶证
	造成交通事故后逃逸	吊销驾驶证，且终生不得重新取得驾驶证

3 刑事处罚

1）交通肇事罪

（1）违反交通法规，因而发生重大事故，致人重伤、死亡或者使财产遭受重大损失的，处3年以下有期徒刑或者拘役；

（2）交通运输肇事后逃逸或者有其他特别恶劣情节的，处3年以上7年以下有期徒刑；

（3）因逃逸致人死亡的，处7年以上有期徒刑。

2）危险驾驶罪

有追逐竞驶、情节恶劣的情形或醉酒驾车的情形，处拘役，并处罚金。

3）伪造、变造、买卖驾驶证罪

伪造、变造、买卖驾驶证的，处3年以下有期徒刑、拘役、管制或者剥夺政治权利，并处罚金；情节严重的，处3年以上7年以下有期徒刑，并处罚金。

第二节 科目一考试（理论学习）方法

项目一 各类知识学习技巧

一 综合学习法

初学者应先进行系统的理论知识课堂学习，了解在驾驶过程中需要着重掌握的知识，再通过习题自测，查漏补缺，着重强化易错的知识。

二 归类学习法

科目一考试涉及的内容非常多，主要包括交通法规、交通信号、汽车知识、驾驶基础、安全文明驾驶知识等。在科目一考试题库中，经常有几道甚至十几道题围绕同一个知识点(考点)进行考核的情况。通过教材对知识点进行系统梳理，将大大提高学习效率。

三 过滤学习法

过滤学习法就是做习题自测时，在自己不会做或者不太确定的题旁做标记，过滤出来，通过反复学习，不断理解、加强记忆，让被标记的题越来越少，直到没有这些记号为止。

四 分段学习法

科目一考试题库中有1300多道题，一次性将其做完并记住是不可能的，应按照内容的不同将其分为若干部分，根据科目一知识体系中的知识点进行分解、细化，每次只学习其中的一部分内容，直到掌握为止。在所有部分学完后，考前再系统地串一遍，这样考试就能够顺利过关。

项目二 理论要点速记口诀

1)假一吊二撤三逃终生

假一：是交虚假材料考驾驶证被发现，一年后不得重新申请；

吊二：是在被吊销驾驶证后，二年内不得重新申请；

撤三：是在被撤销驾驶证后，三年内不得重新申请；

逃终生：发生车祸事故逃逸的，终生不得重新申请。

2)转弯、过桥、窄道、泥路速度30不能超

驾驶车辆在通过路口、转弯、过桥、窄路、泥路时，速度不得超过30公里/小时。

3)左右观察左超车

准备超车前，需要驾驶者提前左右观察，确认安全后，从被超车辆左侧超车。

4)交叉、转弯、窄路、隧道、桥梁、坡道、铁路口50米内不停车

在交叉路口、弯道口、窄路路口、隧道口、桥梁坡道、铁路口，50米内禁止停车。

5)驾照到期90天，变更30天内换

机动车驾驶者应当于机动车驾驶证有效期满前90日内，向机动车驾驶证核发地车辆管理所申请换证，如果超过有效期满一年，驾驶证将被注销。

驾驶证记载的机动车驾驶者信息发生变化的，机动车驾驶证损毁无法辨认的，机动车驾驶者应当在30日内到车辆管理所申请换证。

6)右转让左转，转弯让直行

通过路口时，右转弯车辆应让对向左转弯车辆先行；转弯的机动车让直行机动车先行。

7）手势大于信号灯，通过路口看交警

遇信号灯路口有交警指挥时，应按照交警手势信号通行。

8）伪造牌证扣满分

用伪造、变造机动车号牌、行驶证、驾驶证或者使用其他机动车号牌、行驶证的，一次扣12分。

9）能见度与车速、车距的关系速记："261、145、520"

序号	规　定			
	能见度（米）	车速（千米/小时）	与同车道前车的距离（米）	关键数字
1	<200	≤60	>100	261
2	<100	≤40	>50	145
3	<50	≤20	尽快驶离高速公路	520

能见度小于200米时开启雾灯、近光灯、示廓灯和前后位灯；能见度小于100米时，除开启雾灯、近光灯、示廓灯和前后位灯之外，还应开启危险报警闪光灯。

第三节 科目一易混淆试题详解

一 判断题

1.驾驶机动车在没有中心线的城市道路上，最高速度不能超过每小时50公里。　（×）

试题解析：《道路交通安全法实施条例》第四十五条规定机动车在道路上行驶不得超过限速标志、标线标明的速度。在没有限速标志、标线的道路上，机动车不得超过下列最高行驶速度：

（1）没有道路中心线的道路，城市道路为每小时30公里，公路为每小时40公里；

（2）同方向只有1条机动车道的道路，城市道路为每小时50公里，公路为每小时70公里。

2.驾驶机动车超车后立即开启右转向灯驶回原车道。　（×）

试题解析：不能立即，应在与被超车辆拉开必要的安全距离后，开启右转向灯驶回原车道。

3.在交叉路口遇到这种情况享有优先通行权。　（√）

试题解析：《道路交通安全法实施条例》第五十二条规定机动车通过没有交通信号灯控制也没有交通警察指挥的交叉路口，应当：

（1）没有交通标志、标线控制的，在进入路口前停车瞭望，让右方道路的来车先行；

（2）转弯的机动车让直行的车辆先行；

（3）相对方向行驶的右转弯的机动车让左转弯的车辆先行。

我方是左转，对方是右转，故我方优先通过。

4. 这辆小型载客汽车驶离高速公路行车道的方法是正确的。（√）

试题解析：开了右转向灯，也是从虚线地方进入减速车道，是正确的做法。

5. 准驾车型为小型自动挡汽车的，可以驾驶低速载货汽车。（×）

试题解析：小型自动挡汽车(C2)准驾车型为小型、微型自动挡载客汽车以及轻型、微型自动挡载货汽车。

6. 机动车登记证书、号牌、行驶证灭失、丢失或者损毁的，机动车所有人应当向居住地车辆管理所申请补领、换领。（×）

试题解析：登记证书、号牌、行驶证对车来说相当于我们的身份证，需要在登记地补领、换领。

7. 驾驶者违反交通运输管理法规发生重大事故致人死亡的处3年以上有期徒刑。（×）

试题解析：依据《中华人民共和国刑法》第一百三十三条规定发生重大事故致人死亡没有逃逸的是处3年以下有期徒刑。

8. 驾驶者违反交通运输管理法规发生重大事故后，逃逸或者有其他特别恶劣情节的，处7年以上有期徒刑。（×）

试题解析：《中华人民共和国刑法》第一百三十三条：违反交通运输管理法规，因而发生重大事故，致人重伤、死亡或者使公私财产遭受重大损失的，处3年以下有期徒刑或者拘役；交通运输肇事后逃逸或者有其他特别恶劣情节的，处3年以上7年以下有期徒刑；因逃逸致人死亡的，处7年以上有期徒刑。

9. 驾驶者违反交通运输管理法规发生重大事故后，因逃逸致人死亡的，处3年以上7年以下有期徒刑。（×）

试题解析：看清题目是因逃逸致人死亡的，不是先死亡再逃逸的，所以应该是7年以上。

10. 交通警察对未放置保险标志上道路行驶的车辆可依法扣留行驶证。（×）

试题解析：《道路交通安全法》第九十五条：上道路行驶的机动车未悬挂机动车号牌，未放置检验合格标志、保险标志，或者未随车携带行驶证、驾驶证的，公安机关交通管理部门应当扣留机动车，通知当事人提供相应的牌证、标志或者补办相应手续，并可以依照本法第九十条的规定予以处罚。

是扣留车辆，不是扣留行驶证。

11. 驾驶者驾驶有达到报废标准嫌疑机动车上路的，交通警察依法予以拘留。（×）

试题解析：按法律规定只能收缴车辆并罚款。

12. 大型客车、牵引车、城市公交车、中型客车、大型货车驾驶者应当每两年提交一次身体条件证明。（×）

试题解析：《公安部令第139号》第七十条规定：持有大型客车、牵引车、城市公交车、中型客车、大型货车驾驶证的驾驶者，应当在每个记分周期结束后三十日内到公安机关交通管理部门接受审验。但在一个记分周期内没有记分记录的，免予本记分周期审验。

身体条件证明在审验时提供，不需要审验就不需要提供，所以并不是每两年提交一次身体条件证明。

13. 驾驶机动车在高速公路上倒车、逆行、穿越中央分隔带掉头的一次记6分。（×）

试题解析：机动车驾驶者有下列违法行为之一，一次记12分：

(1) 驾驶与准驾车型不符的机动车的；

(2) 饮酒后驾驶机动车的；

(3) 驾驶营运客车(不包括公共汽车)、校车载人超过核定人数20%以上的；

(4) 造成交通事故后逃逸，尚不构成犯罪的；

(5) 上道路行驶的机动车未悬挂机动车号牌

的，或者故意遮挡、污损、不按规定安装机动车号牌的；

(6) 使用伪造、变造的机动车号牌、行驶证、驾驶证、校车标牌或者使用其他机动车号牌、行驶证的；

(7) 驾驶机动车在高速公路上倒车、逆行、穿越中央分隔带掉头的；

(8) 驾驶营运客车在高速公路车道内停车的；

(9) 驾驶中型以上载客载货汽车、校车、危险物品运输车辆在高速公路、城市快速路上行驶超过规定时速20%以上或者在高速公路、城市快速路以外的道路上行驶超过规定时速50%以上，以及驾驶其他机动车行驶超过规定时速50%以上的；

(10) 连续驾驶中型以上载客汽车、危险物品运输车辆超过4小时未停车休息或者停车休息时间少于20分钟的；

(11) 未取得校车驾驶资格驾驶校车的。

14. 如图所示，通过这个标志的路口时应该减速让行。 (×)

试题解析：这个是停车让行的标志，光减速是不够的。另外提示一下，三角形的是减速让行，八角形的是停车让行。

15. 驾驶机动车应在变更车道的同时开启转向灯。 (×)

试题解析：机动车在变更车道时，应当提前开启转向灯，夜间还需变换使用远、近光灯或者鸣喇叭。

16. 驾驶机动车在道路上发生交通事故，任何情况下都应标明现场位置后，先行撤离现场。 (×)

试题解析：因为根据交通安全法的规定，如果机动车在道路上面发生了事故，那么必须要马上停车保护现场，如果有人员伤亡的情况，驾驶者应该马上去抢救受伤人员。并且报告执勤的交警或交通管理部门。如果因为抢救伤员而变动了现场的话，就要表明位置。路人或过往的车辆驾驶者或乘客都应该协助帮忙。如果在道路上发生交通事故，没有造成人员伤亡的，当事人对事故没有任何争议的，可以撤离现场恢复交通秩序，双方自行协商处理损害赔偿就行了。如果说有争议的话，那么不要撤离现场，需要马上报给交警来处理。

17. 在暂住地初次申领机动车驾驶证的，不能直接申领大型货车驾驶证。 (×)

试题解析：2016年4月1日已经实施的“公安部139号令”已经删除2012年的“公安部123号令”中第十三条第二款关于“不能在暂住地初次申领大型货车驾驶证”的规定，取消了异地考驾照对客货车驾驶证的限制，客货车驾驶证也可以在暂住地申领，但是需要有当地的居住证或者暂住证。

18. 年龄在50周岁以上的机动车驾驶者，应当每年进行一次身体检查，并向公安机关交通管理部门申报身体条件情况。 (×)

试题解析：《公安部令139号》规定：年龄在70周岁以上的机动车驾驶者，应当每年进行一次身体检查，在记分周期结束后的三十日内，提交县级或者部队团级以上医疗机构出具的有关身体条件的证明，检查是否患有妨碍安全驾驶的疾病。

19. 车辆发生故障而无法移动时，首先应在车辆后方50~150米处放置危险警告标志，防止后车追尾。 (×)

试题解析：应该先开启危险报警闪光灯，并在车后50~100米以内放置警告标志。在高速公路上，危险报警标志应放在车后150米外的地方。

20. 如图所示，A车在此处停车是可以的。 (√)

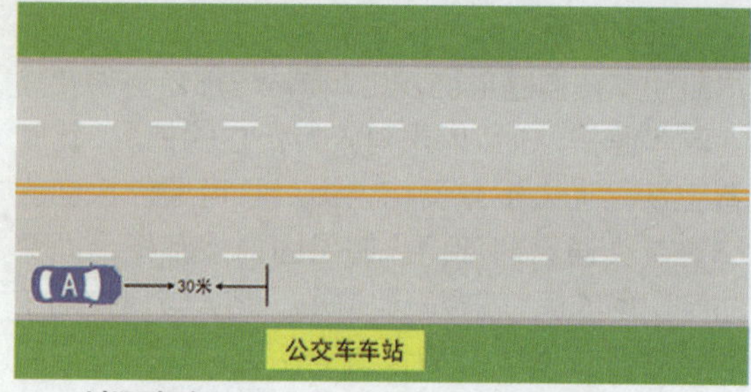

试题解析：图上的汽车临时停放的地方在公共汽车站30米以外，所以是可以临时停放的。

21. 如图所示，A车具有优先通行权。 （×）

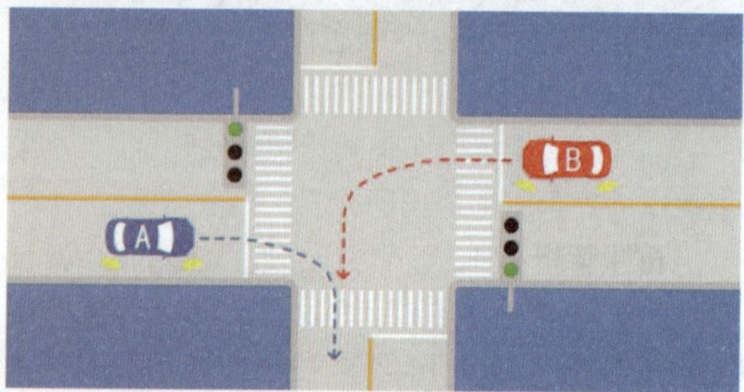

试题解析：左转车辆让直行车辆先行，右转车辆让左转车辆先行。

22. 这个标志的含义是警告车辆驾驶者前方是人行横道。 （×）

试题解析：此标志是警告标志注意行人。用以警告车辆驾驶者减速慢行，注意行人。设在行人密集，或不易被驾驶者发现的人行横道线以前适当位置。

23. 这个标志的含义是提醒车辆驾驶者前方是非机动车道。 （×）

试题解析：此标志是警告标志注意非机动车。用以提醒车辆驾驶者注意慢行，而不是注意非机动车道。设在经常有非机动车横穿、出入的地点前适当位置。

二 选择题

24. 这个标志是何含义？ （A）

远大路 500 m
知泉路
林园路 500 m

A. 交叉路口预告

B. 分道信息预告

C. 分岔处预告

D. 车道方向预告

试题解析：此标志是“大交通量的4车道以上公路交叉路口预告”标志。分向行驶车道边上是虚线，下面设有距离数字。

25. 以欺骗、贿赂等不正当手段取得驾驶证被依法撤销驾驶许可的，多长时间不得重新申请驾驶证？ （A）

A. 3年

B. 终身

C. 5年内

D. 1年内

试题解析：《公安部令第139号》规定：申请人以欺骗、贿赂等不正当手段取得机动车驾驶证的，公安机关交通管理部门收缴机动车驾驶证，撤销机动车驾驶许可；申请人在3年内不得再次申领机动车驾驶证。

26. 驾驶拼装机动车上路行驶的驾驶者，除按规定接受罚款外，还要受到哪种处理？ （B）

A. 暂扣驾驶证

B. 吊销驾驶证

C. 处10日以下拘留

D. 追究刑事责任

试题解析：《道路交通安全法》第一百条：驾驶拼装的机动车或已达到报废标准的机动车上路行驶的驾驶者，处200元以上2000元以下罚款，并吊销机动车驾驶证，对车辆予以收缴，强制报废。

27. 对驾驶拼装机动车上路行驶的驾驶者，会受到下列哪种处罚？ (D)

A. 依法追究刑事责任

B. 处15日以下拘留

C. 吊销机动车行驶证

D. 处200元以上2000元以下罚款

28. 驾驶机动车在道路上靠路边停车过程中如何使用灯光？ (B)

A. 变换使用远近光灯

B. 提前开启右转向灯

C. 不用指示灯提示

D. 开启危险报警闪光灯

试题解析：《道路交通安全法实施条例》第五十七条规定：机动车应当按照下列规定使用转向灯：

(1) 向左转弯、向左变更车道、准备超车、驶离停车地点或者掉头时，应当提前开启左转向灯；

(2) 向右转弯、向右变更车道、超车完毕驶回原车道、靠路边停车时，应当提前开启右转向灯。

29. 在这种天气条件下行车如何使用灯光？ (D)

A. 使用雾灯

B. 不使用灯光

C. 使用远光灯

D. 使用近光灯

试题解析：《道路交通安全法实施条例》第五十八条规定：机动车在夜间没有路灯、照明不良或者遇有雾、雨、雪、沙尘、冰雹等低能见度情况下行驶时，应当开启前照灯、示廓灯和后位灯，但同方向行驶的后车与前车近距离行驶时，不得使用远光灯。机动车雾天行驶应当开启雾灯和危险报警闪光灯。

30. 在这种雨天跟车行驶使用灯光，以下做法正确的是？ (A)

A. 不能使用远光灯

B. 使用雾灯

C. 不能使用近光灯

D. 使用远光灯

试题解析：《道路交通安全法实施条例》第五十八条规定：机动车在夜间没有路灯、照明不良或者遇有雾、雨、雪、沙尘、冰雹等低能见度情况下行驶时，应当开启前照灯、示廓灯和后位灯，但同方向行驶的后车与前车近距离行驶时，不得使用远光灯。机动车雾天行驶应当开启雾灯和危险报警闪光灯。

31. 下列哪种行为会受到200元以上2000元以下罚款，并处吊销机动车驾驶证？ (B)

A. 造成交通事故后逃逸

B. 超过规定时速50%

C. 驾车没带驾驶证

D. 违反道路通行规定

32. 在这条公路上行驶的最高速度不能超过多少？ (C)

A.70公里/小时

B.50公里/小时

C.40公里/小时

D.30公里/小时

试题解析:《道路交通安全法实施条例》第四十五条规定:在没有限速标志、标线的道路上,机动车不得超过下列最高行驶速度:

(1)没有道路中心线的道路,城市道路为每小时30公里,公路为每小时40公里;

(2)同方向只有1条机动车道的道路,城市道路为每小时50公里,公路为每小时70公里。

33.在这条城市道路上行驶的最高速度不能超过多少? (B)

A.70公里/小时

B.50公里/小时

C.30公里/小时

D.40公里/小时

34.在这个路口怎样左转弯? (C)

A.不能左转弯

B.骑路口中心点转弯

C.靠路口中心点左侧转弯

D.靠路口中心点右侧转弯

试题解析:图中中心部分为中心圆,在此种路口左转弯,应靠近中心圆左侧转弯。

35.在路口直行时,遇这种情形如何通行? (A)

A.让右方道路车辆先行

B.让左方道路车辆先行

C.直接加速直行通过

D.开启危险报警闪光灯通行

试题解析:《道路交通安全法实施条例》第五十二条规定:机动车通过没有交通信号灯控制也没有交通警察指挥的交叉路口,应当:

(1)没有交通标志、标线控制的,在进入路口前停车瞭望,让右方道路的来车先行;

(2)转弯的机动车让直行的车辆先行;

(3)相对方向行驶的右转弯的机动车让左转弯的车辆先行。

36.在路口遇到这种情形时怎样做? (D)

A.跟随前车通过路口

B.停在路口内等待

C.停在网状线区域内等待

D.停在路口以外等待

试题解析:《道路交通安全法实施条例》第

五十三条第一款规定：机动车遇有前方交叉路口交通堵塞时，应当依次停在路口以外等候，不得进入路口。

虽然是绿灯，但是前方阻塞，而且前车后边是网状线，是禁止停车的。所以停在路口以外等待。

37. 在这条车道行驶的最低车速是多少？（C）

A. 110公里/小时

B. 60公里/小时

C. 100公里/小时

D. 90公里/小时

试题解析：《道路交通安全法实施条例》第七十八条规定：高速公路应当标明车道的行驶速度，最高车速不得超过每小时120公里，最低车速不得低于每小时60公里。

38. 在这条车道行驶的最低车速是多少？（D）

A. 110公里/小时

B. 100公里/小时

C. 60公里/小时

D. 90公里/小时

试题解析：《道路交通安全法实施条例》第七十八条规定：同方向有3条以上车道的，最左侧车道的最低车速为每小时110公里，中间车道的最低车速为每小时90公里。道路限速标志标明的车速与上述车道行驶车速的规定不一致的，按照道路限速标志标明的车速行驶。

我们可以清楚地看出图中的车在同方向三条车道的中间，所以最低车速为90公里/小时。

39. 在这个位置时怎样使用灯光？（C）

A. 开启前照灯

B. 开启危险报警闪光灯

C. 开启左转向灯

D. 开启右转向灯

试题解析：《道路交通安全法实施条例》第七十九条规定：机动车从匝道驶入高速公路，应当开启左转向灯，在不妨碍已在高速公路内的机动车正常行驶的情况下驶入车道。

40. 驾驶机动车驶离高速公路时，在这个位置怎样行驶？（C）

A. 车速保持100公里/小时

B. 车速降到40公里/小时以下

C. 驶入减速车道

D. 继续向前行驶

试题解析：驶离高速公路的正确操作是，提前打开右转向灯，并逐渐降低车速，越过虚线进入减速车道。

41. 准驾车型为小型汽车的，可以驾驶下列哪种车辆？（C）

A. 三轮摩托车

B. 轮式自行机械

C. 低速载货汽车

D. 中型客车

试题解析：准驾车型为小型汽车的，可以驾驶小型、微型载客汽车以及轻型、微型载货汽车，轻型、微型专项作业车，小型、微型自动挡载客汽车以及轻型、微型自动挡载货汽车，低速载货汽车，三轮汽车。

提示：C1准予驾驶C2、C3准驾车型。

42. 初次申领机动车驾驶证的，可以申请下列哪种准驾车型？（A）

A. 普通三轮摩托车

B. 牵引车

C. 大型客车

D. 中型客车

试题解析：《公安部令第139号》第十四条 规定：初次申领机动车驾驶证的，可以申请准驾车型为城市公交车、大型货车、小型汽车、小型自动挡汽车、低速载货汽车、三轮汽车、残疾人专用小型自动挡载客汽车、普通三轮摩托车、普通二轮摩托车、轻便摩托车、轮式自行机械车、无轨电车、有轨电车的机动车驾驶证。

43. 年满20周岁，可以初次申请下列哪种准驾车型？（D）

A. 中型客车

B. 大型客车

C. 牵引车

D. 大型货车

试题解析：年满20周岁，可以初次申请城市公交车、大型货车、无轨电车或者有轨电车准驾车型。

44. 机动车登记证书、号牌、行驶证灭失、丢失或者损毁的，机动车所有人应当向哪个部门申请补领、换领。（C）

A. 住地交警支队车辆管理所

B. 当地公安局

C. 登记地车辆管理所

D. 驾驶证核发地车辆管理所

试题解析：登记证书、号牌、行驶证是车辆信息，申领的时候在登记地车辆管理所，补办的时候当然也在登记地车辆管理所。

45. 申请人以欺骗、贿赂等不正当手段取得机动车驾驶证的（被撤销的），申请人在多长时间内不得再次申领机动车驾驶证。（C）

A. 1年

B. 2年

C. 3年

D. 6个月

试题解析：《公安部令第139号》第八十八条规定：申请人以欺骗、贿赂等不正当手段取得机动车驾驶证的，公安机关交通管理部门收缴机动车驾驶证，撤销机动车驾驶许可；申请人在3年内不得再次申领机动车驾驶证。

46. 驾驶者违反交通运输管理法规发生重大事故致人重伤、死亡，可能会受到什么刑罚？（B）

A. 处7年以上徒刑

B. 处3年以下徒刑或者拘役

C. 处5年以上徒刑

D. 处3年以上7年以下徒刑

试题解析：《中华人民共和国刑法》第一百三十三条规定：违反交通运输管理法规，因而发生重大事故，致人重伤、死亡或者使公私财产遭受重大损失的，处3年以下有期徒刑或者拘役；交通运输肇事后逃逸或者有其他特别恶劣情节的，处3年以上7年以下有期徒刑；因逃逸致人死亡的，处7年以上有期徒刑。

题中只说了“违反交通运输管理法规发生重大事故致人重伤、死亡”，并无其他情节，所以是处3年以下徒刑或者拘役。

47. 驾驶者违反交通运输管理法规发生重大事故后，因逃逸致人死亡的，处多少年有期徒刑？（C）

A.3年以下

B.2年以下

C.7年以上

D.7年以下

试题解析：看清楚了，他是“因逃逸致人死亡”，比“致人死亡后逃逸”情况严重，依据法规是7年以上。

48. 驾驶者在驾驶证有效期满前多长时间申请换证？(B)

A.6个月内

B.90日内

C.60日内

D.30日内

试题解析：《公安部令第139号》第五十七条规定：机动车驾驶者应当于机动车驾驶证有效期满前90日内，向机动车驾驶证核发地或者核发地以外的车辆管理所申请换证。

49. 驾驶者户籍迁出原车辆管理所需要向什么地方的车辆管理所提出申请？(C)

A. 所在地

B. 迁出地

C. 迁入地

D. 居住地

试题解析：《公安部令第139号》第五十八条规定：机动车驾驶者户籍迁出原车辆管理所管辖区的，应当向迁入地车辆管理所申请换证。

50. 持小型汽车驾驶证的驾驶者在下列哪种情况下需要接受审验？(A)

A. 有效期满换发驾驶证时

B. 记分周期满12分

C. 一个记分周期末

D. 记分周期未满分

试题解析：小型汽车、摩托车等车型驾驶者审验的情形有两种：

(1) 发生交通事故造成人员死亡承担同等以上责任未被吊销驾驶证的，应当在记分周期结束后30日内到公安交管部门接受审验；

(2) 驾驶证转到异地或者有效期满换证时，应当到公安交管部门接受审验。

需要提醒的是，驾驶者没有按照规定参加审验仍驾驶机动车的，公安交管部门将处200元以上500元以下罚款。

51. 驾驶者有下列哪种违法行为一次记6分？(B)

A. 使用其他车辆行驶证

B. 违法占用应急车道行驶

C. 饮酒后驾驶机动车

D. 车速超过规定时速50%以上

试题解析：《公安部令139号》机动车驾驶者有下列违法行为之一，一次记6分：

(1) 机动车驾驶证被暂扣期间驾驶机动车的；

(2) 驾驶机动车违反道路交通信号灯通行的；

(3) 驾驶营运客车(不包括公共汽车)、校车载人超过核定人数未达20%的，或者驾驶其他载客汽车载人超过核定人数20%以上的；

(4) 驾驶中型以上载客载货汽车、校车、危险物品运输车辆在高速公路、城市快速路上行驶超过规定时速未达20%的；

(5) 驾驶中型以上载客载货汽车、校车、危险物品运输车辆在高速公路、城市快速路以外的道路上行驶或者驾驶其他机动车行驶超过规定时速20%以上未达到50%的；

(6) 驾驶货车载物超过核定载质量30%以上或者违反规定载客的；

(7) 驾驶营运客车以外的机动车在高速公路车道内停车的；

(8) 驾驶机动车在高速公路或者城市快速路上违法占用应急车道行驶的；

(9) 低能见度气象条件下，驾驶机动车在高速公路上不按规定行驶的；

(10) 驾驶机动车运载超限的不可解体的物品，未按指定的时间、路线、速度行驶或者未悬挂明显标志的；

(11) 驾驶机动车载运爆炸物品、易燃易爆化学物品以及剧毒、放射性等危险物品，未按指定的时间、路线、速度行驶或者未悬挂警示标志并采取必要的安全措施的；

（12）以隐瞒、欺骗手段补领机动车驾驶证的；

（13）连续驾驶中型以上载客汽车、危险物品运输车辆以外的机动车超过4小时未停车休息或者停车休息时间少于20分钟的；

（14）驾驶机动车不按照规定避让校车的。

52. 如图所示，在高速公路上同方向三条机动车道最左侧车道行驶，应保持什么车速？ （B）

A. 90～120公里/小时

B. 110～120公里/小时

C. 60～120公里/小时

D. 100～120公里/小时

试题解析：《道路交通安全法实施条例》第七十八条规定：同方向有2条车道的，左侧车道的最低车速为每小时100公里；同方向有3条以上车道的，最左侧车道的最低车速为每小时110公里，中间车道的最低车速为每小时90公里。道路限速标志标明的车速与上述车道行驶车速的规定不一致的，按照道路限速标志标明的车速行驶。

53. 交通肇事致一人以上重伤，负事故全部责任或者主要责任，并具有下列哪种行为的，构成交通肇事罪？ （C）

A. 未抢救受伤人员

B. 未带驾驶证

C. 严重超载驾驶的

D. 未及时报警

试题解析：交通肇事致一人受伤（属于一般事故），负事故全部或者主要责任，并具有酒后、无证驾驶、严重超载等情形之一的，以交通肇事罪处罚。

54. 如图所示，在高速公路同方向三条机动车道右侧车道行驶，车速不能低于多少？ （A）

A. 60公里/小时

B. 100公里/小时

C. 110公里/小时

D. 80公里/小时

试题解析：《道路交通安全法实施条例》第七十八条规定：高速公路应当标明车道的行驶速度，最高车速不得超过每小时120公里，最低车速不得低于每小时60公里。

55. 如图所示，在高速公路同方向两条机动车道左侧车道行驶，应保持什么车速？ （D）

A. 110～120公里/小时

B. 60～120公里/小时

C. 90～110公里/小时

D. 100～120公里/小时

试题解析：《道路交通安全法实施条例》第七十八条规定：同方向有2条车道的，左侧车道的最低车速为每小时100公里。

56. 驾驶证审验内容不包括以下哪一项？ （D）

A. 身体条件情况

B. 道路交通安全违法行为、交通事故处理情况

C. 道路交通安全违法行为记分及记满12分后参加学习和考试情况

D. 机动车检验情况

试题解析：《公安部令139号》第七十一条 机动车驾驶证审验内容包括：

(1)道路交通安全违法行为、交通事故处理情况；

(2)身体条件情况；

(3)道路交通安全违法行为记分及记满12分后参加学习和考试情况。

57. 夜间驾驶机动车在没有中心隔离设施或者没有中心线的道路上行驶，以下哪种情况下应当改用近光灯？(A)

A. 与对向机动车会车时

B. 接近人行横道时

C. 接近没有交通信号灯控制的交叉路口时

D. 城市道路照明条件不良时

试题解析：只有在没有路灯或者没有照明的情况下才能用远光灯，一般都用近光灯。窄路窄桥，若用远光灯，会让对方完全看不清，发生危险。夜间驾驶机动车遇到对向来车未关闭远光灯时，变换使用远近光灯提示。

58. 驾驶机动车通过未设置交通信号灯的交叉路口时，下列说法错误的是什么？(A)

A. 相对方向行驶的左转弯机动车让右转弯的车辆先行

B. 转弯的机动车让直行的车辆、行人先行

C. 没有交通标志、标线控制时，在进入路口前停车瞭望，让右方道路的来车先行

D. 相对方向行驶的右转弯机动车让左转弯的车辆先行

试题解析：驾驶机动车通过未设置交通信号灯的交叉路口时，转弯的机动车应当让直行的车辆、行人先行；没有交通标志、标线控制时，在进入路口前停车瞭望，让右方道路的来车先行；相对方向行驶的右转弯机动车让左转弯的车辆先行。

59. 如图所示，驾驶机动车驶出这个路口时应当怎样使用灯光？(C)

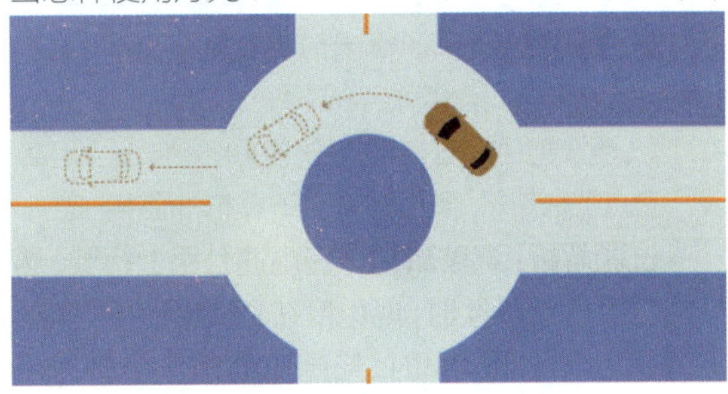

A. 不用开启转向灯

B. 开启左转向灯

C. 开启右转向灯

D. 开启危险报警闪光灯

试题解析：驶入环岛开左转向灯，驶出环岛开右转向灯。

60. 机动车驾驶者补领机动车驾驶证后，使用原机动车驾驶证驾驶的，除由公安机关交通管理部门收回原机动车驾驶证外，还应当受到何种处罚？(A)

A. 罚款

B. 警告

C. 拘留驾驶者

D. 吊销驾驶证

试题解析：机动车驾驶者补领机动车驾驶证后，继续使用原机动车驾驶证的，公安机关交通管理部门可处20元以上200元以下罚款。

61. 关于醉酒驾驶机动车的处罚，以下说法错误的是什么？(A)

A. 记6分

B. 公安机关交通管理部门约束至酒醒

C. 吊销驾驶证

D. 五年内不得重新取得机动车驾驶证

试题解析：饮酒驾驶机动车扣12分，醉酒驾驶机动车的，由公安机关交通管理部门约束至酒醒，吊销机动车驾驶证，依法追究刑事责任；5年内不得重新取得机动车驾驶证。

62. 雪天在高速公路上驾驶时，关于安全车距错误的说法是什么？(B)

A. 能见度小于50米时，应该驶离高速公路

B. 能见度小于200米时，与前车至少保持50米的安全距离

C. 雪天能见度低，应该根据能见度控制安全距离

D. 雪天路滑，制动距离比干燥柏油路更长

试题解析：驾驶机动车在高速公路上行驶，遇低能见度气象条件时，能见度在200米以下，车速不得超过60公里/小时，与同车道前车至少保持100米的安全车距。

63. 这属于哪一种标志？(B)

A. 禁令标志

B. 警告标志

C. 指示标志

D. 指路标志

试题解析：黄色为警告标志，警告标志的颜色为黄底、黑边、黑图案，形状为等边三角形，顶角朝上。

64. 这是什么交通标志？(B)

A. 易滑路段

B. 反向弯路

C. 连续弯路

D. 急转弯路

试题解析：如图所示斜着的字母“Z”或者“N”表示反向弯路。

65. 这个标志是何含义？(D)

A. 易滑路

B. 临崖路

C. 傍水路

D. 堤坝路

试题解析：左边是堤坝右边是水，堤坝路标志，提醒驾驶者注意安全行车。用来提醒车辆驾驶者小心驾驶，设在沿水库、湖泊、河流等堤坝道路以前适当位置。

66. 这个标志是何含义？(C)

A. 路面低洼

B. 路面高突

C. 路面不平

D. 驼峰桥

试题解析：此标志凹凸有致，为路面不平标志；一个凸起是路面高突标志，一个坑是路面低洼标志；一个凸中间有空间是驼峰桥标志；两个凸肯定是路面不平标志。

67. 这个标志是何含义？(B)

A. 最高速度

B. 建议速度

C. 限制速度

D. 最低速度

试题解析： 此标志表示建议速度。用以提醒车辆驾驶者以标志速度行驶，设在弯道、出口、匝道的适当位置。此为建议速度为每小时30公里。

68. 这个标志是何含义？ (A)

A. 注意保持车距

B. 车速测试路段

C. 两侧变窄路段

D. 车距确认路段

试题解析： 此标志表示注意保持车距。用以警告车辆驾驶者注意和前车保持安全距离。避免事故的发生。

69. 这个标志是何含义？ (D)

A. 注意交互式道路

B. 环行平面交叉

C. 平面交叉路口

D. 注意分离式道路

试题解析： 此标志表示注意分离式道路。用以警告车辆驾驶者注意前方平面交叉的被交道路是分离式道路。

70. 这个标志是何含义？ (C)

A. 会车让行

B. 不准让行

C. 减速让行

D. 停车让行

试题解析： 三角形的是减速让行，八角形的是停车让行，此标志表示减速让行，车辆应减速让行，告示车辆驾驶者应慢行或停车，观察干道行车情况，在确保干道车辆优先，确保安全的前提下，方可进入路口。

71. 这个标志是何含义？ (D)

A. 减速行驶

B. 限时进入

C. 禁止驶入

D. 禁止通行

试题解析： 此标志表示禁止通行，禁止一切车辆和行人通行。

72. 这个标志是何含义？ (C)

A. 直行车道

B. 禁止直行

C. 只准直行

D. 单行路

试题解析： 蓝色为指示标志，此标志表示一切车辆只准直行。

73. 这个标志是何含义？ (C)

A. 右侧是下坡路段

B. 靠道路右侧停车

C. 靠右侧道路行驶

D. 只准向右转弯

试题解析：靠右侧道路行驶标志，表示只准一切车辆靠右侧道路行驶。此标志设在车辆必须靠右侧行驶的路口以前适当位置。

74. 这个标志是何含义？  (C)

A. 注意行人

B. 行人先行

C. 步行

D. 低速行驶

试题解析：此标志表示该段道路只供行人步行，任何车辆不准进入。

75. 这个标志是何含义？ (A)

A. 人行横道

B. 注意行人

C. 学生通道

D. 儿童通道

试题解析：此标志表示该处为人行横道。注意行人是三角形黄底的；里面白色，正方形蓝底是人行横道。

76. 这个标志是何含义？  (D)

A. 多乘员车辆专用车道

B. 大型客车专用车道

C. 快速公交系统专用车道

D. 公交线路专用车道

试题解析：此标志为公交线路专用车道，表示此车道只允许公交车行驶。与快速公交系统专用车道的区别是少了“快速公交”四个字。

77. 这个标志是何含义？  (B)

A. 多乘员车辆专用车道

B. 机动车车道

C. 小型车车道

D. 小型车专用车道

试题解析：此为机动车车道，此标志表示该车道只供机动车行驶。比多乘员车辆专用车道标志少俩人。

78. 这个标志是何含义？ (B)

A. 大型客车专用车道
B. BRT车辆专用车道
C. 公交车专用车道
D. 多乘员车专用车道

试题解析：此标志是BRT车辆专用车道，表示该车道专供BRT(快速公交)车辆行驶，BRT为快速公交的英文缩写。

79. 这个标志是何含义？　(B)

A. 停车位
B. 错车道
C. 露天停车场
D. 紧急停车带

试题解析：中间有虚线的是紧急停车带，没有虚线的是错车道。错车道指的是在单车道道路上，可通视的一定距离内，供车辆交错避让用的一段加宽车道。

80. 这个标志是何含义？　(B)

A. 隧道入口距离
B. 隧道出口距离
C. 隧道跟车距离
D. 隧道总长度

试题解析：隧道出口距离标志，设在长度超过3000米的特长隧道内，从距离隧道出口2000米处开始每500米设置一块，直至隧道出口。

81. 这个标志是何含义？　(B)

A. 转弯诱导标志
B. 线形诱导标志
C. 合流诱导标志
D. 分流诱导标志

试题解析：线型诱导标志，用于引导车辆驾驶者改变行驶方向，促使安全运行。

82. 这个标志是何含义？　(C)

A. 高速公路终点
B. 高速公路出口
C. 高速公路起点
D. 高速公路入口

试题解析：此标志是高速公路起点标志，有红色斜线的是高速公路终点标志。

83. 这个标志是何含义？　(A)

A. 高速公路紧急电话
B. 高速公路公用电话
C. 高速公路报警电话
D. 高速公路救援电话

试题解析：标志表示高速公路紧急电话，要与高速公路救援电话区分开，救援电话有“救援”二字。

84. 这个标志是何含义 (C)

A. 高速公路服务区预告
B. 高速公路停车场预告
C. 高速公路停车区预告
D. 高速公路避险处预告

试题解析：此图标志是高速公路停车区预告，提供停车以及简单的饮茶服务。

85. 路中心黄色虚线属于哪一类标线？ (D)

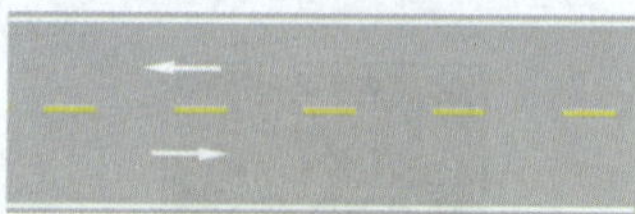

A. 禁止标线
B. 辅助标线
C. 警告标志
D. 指示标线

试题解析：黄色虚线，用于分割对向行驶的交通流，为指示标线。白色表示同向可跨越车道，黄色虚线表示反向可跨越车道。

86. 图中圈内白色实线是什么标线？ (D)

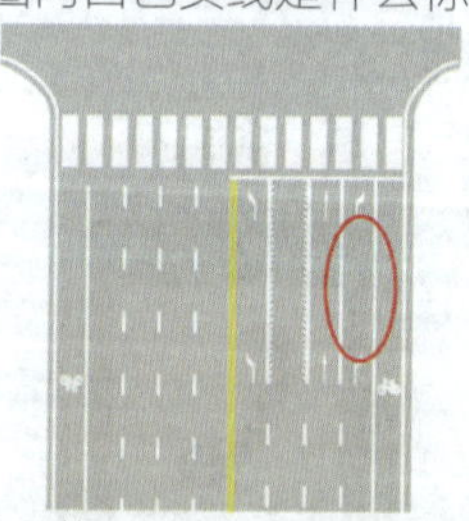

A. 方向引导线
B. 可变导向车道线
C. 单向行驶线
D. 导向车道线

试题解析：圈内白色实线是具有固定行驶方向的导向车道线。

87. 图中圈内的锯齿状白色实线是什么标线？ (B)

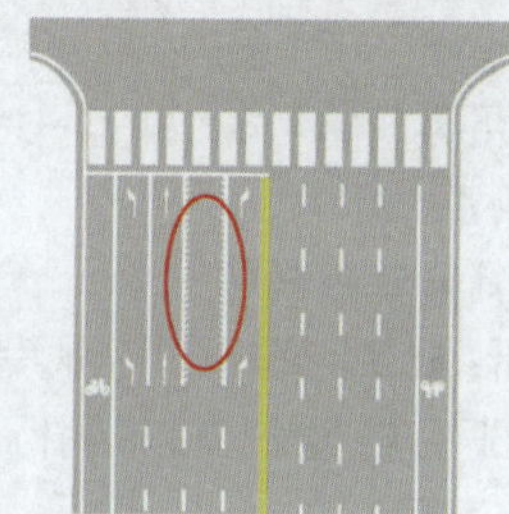

A. 单向行驶线
B. 可变导向车道线
C. 导向车道线
D. 方向引导线

试题解析：此标线是可变导向车道线。左转右转还是直行都是可以的，关键看信号灯或者路面上的指标牌。两条白实线是固定导向线。

88. 图中圈内的白色半圆状标记是什么标线？ (D)

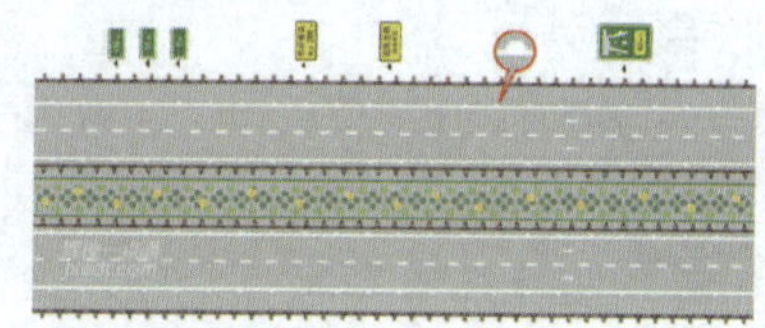

A. 路口减速线
B. 车速确认线
C. 减速行驶线
D. 车距确认线

试题解析：车距确认线，因为此处路面为凸起状态，车轮压过此处会发出尖锐的声音，并有震动，提醒驾驶者注意横向车距，与路肩保持安全的行车距离。

89. 路面由白色虚线和三角地带标线组成的是什么标线？ (C)

A. 可跨越式分道线
B. 道路出口减速线

C. 道路出口标线

D. 道路入口标线

试题解析：道路出口标线为白色虚线，主要用在高速公路出口与引导车流使用。

90. 路面上导向箭头是何含义？（C）

A. 指示前方道路是分离式道路

B. 指示前方道路是Y型交叉口

C. 指示前方道路仅可左右转弯

D. 指示前方道路需向左右合流

试题解析：指示前方仅可向左或向右转弯，不能直行。注意不是Y形路口，Y形路口标志不带箭头。

91. 这个路面标记是何含义？（B）

A. 解除80公里/小时限速

B. 最低限速为80公里/小时

C. 最高限速为80公里/小时

D. 平均速度为80公里/小时

试题解析：白色是最低速度限制，不能低于这个速度长期行驶。

92. 路缘石上的黄色虚线是何含义？（D）

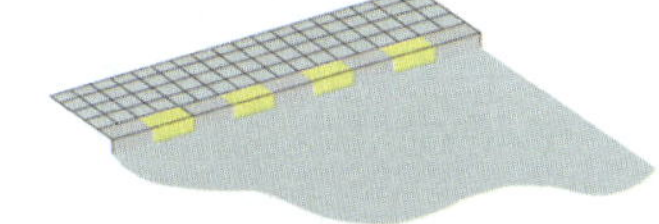

A. 禁止临时停车

B. 禁止装卸货物

C. 禁止上下人员

D. 禁止长时停车

试题解析：路边的黄色虚线表示禁止长时停车，实线禁止停车。

93. 路口最前端的双白虚线是什么含义？（B）

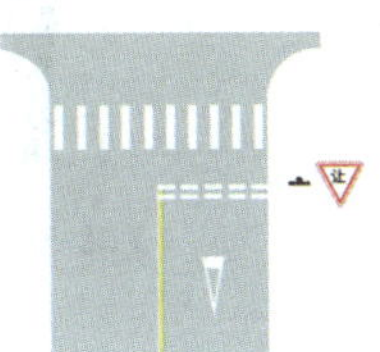

A. 等候放行线

B. 减速让行线

C. 左弯待转线

D. 停车让行线

试题解析：双虚线为减速让行线，可以压线过去。

94. 路面上的黄色填充标线是何含义？（A）

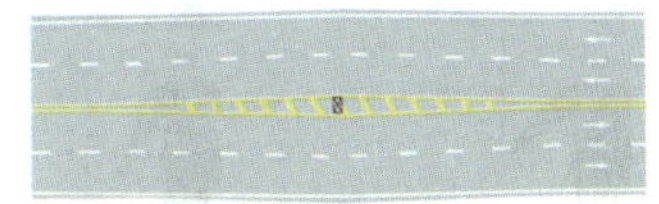

A. 接近障碍物标线

B. 接近移动障碍物标线

C. 远离狭窄路面标线

D. 接近狭窄路面标线

试题解析：双黄线就是警告注意越界，"打叉的物体"就是不可移动障碍物。

95. 这一组交通警察手势是什么信号？（A）

A. 左转弯信号

B. 靠边停车信号

C. 左转弯待转信号

D. 右转弯信号

试题解析：与交警右手相对的方向车辆停车等待，交警左手摆动，交警面向方向的车辆左转弯。

96. 这一组交通警察手势是什么信号？（C）

A. 靠边停车信号
B. 左转弯待转信号
C. 左转弯信号
D. 减速慢行信号

试题解析：交警面向哪个方向就是在指挥哪个方向的车辆，就此图来说还是左转弯信号。

97. 这一组交通警察手势是什么信号？（D）

A. 左转弯信号
B. 减速慢行信号
C. 右转弯信号
D. 左转弯待转信号

试题解析：交警面向哪个方向就是在指挥哪个方向的车辆，减速慢行是右手，左转弯待转是左手。

98. 这一组交通警察手势是什么信号？（A）

A. 变道信号
B. 减速慢行信号
C. 靠边停车信号
D. 右转弯信号

试题解析：交警面向哪个方向就是在指挥哪个方向的车辆，右手向右轻轻摆动发出变道信号。

99. 这一组交通警察手势是什么信号？（C）

A. 靠边停车信号
B. 右转弯信号
C. 减速慢行信号
D. 变道信号

试题解析：交警右手臂由与肩平行状态下压至腰部位置，发出减速慢行信号。

100. 下列哪个标志禁止一切车辆长时间停放，临时停车不受限制。（C）

A. 图3
B. 图1
C. 图4
D. 图2

试题详解：图1表示禁止停车；图2表示停车让行；图3表示禁止驶入；图4表示禁止长时停车。

第二章

安全文明驾驶

第一节 让行驾驶文化

文明驾驶是驾驶者良好行为习惯和道德修养的表现，要做到文明驾驶，驾驶者一方面要不断学习和提高修养，另一方面要日积月累，养成良好习惯。

项目一 文明驾驶

我国交通法规中很多通行规定都体现了文明驾驶的内涵，因此驾驶只要遵守交通法规，很大程度上就已经做到了文明驾驶，但文明驾驶有更广的范围。

一 常见文明驾驶行为

(1)上车后自己系好安全带，并提醒车内其他乘员系好安全带；

(2)驾驶过程中，不向车外抛散物品，将痰吐到随车的纸巾中，停车后连同其他废弃物扔入垃圾箱；

(3)通过人行横道时，减速慢行、不鸣喇叭、礼让行人；

(4)遇交叉路口拥堵，即使绿灯亮了，也不驶入路口，而是在路口外等候；

(5)遇后车发出超车信号时，在确保安全的前提下，主动让超；

(6)遇执行任务的特殊车辆或其他社会车辆有送病人去医院等紧急情况时，主动让开道路；

(7)严格遵守让行规定，遇他人抢行、强行时，主动礼让不斗气；

(8)文明使用喇叭，不长鸣喇叭催促他人或作为发泄的方式；

(9)自己车辆行驶速度慢时，不占用快速车道；

(10)停车时，给周围车辆留出足够的驶出空间。

二 助人为乐

助人为乐是中华民族的传统美德，也是文明驾驶的重要体现。驾车过程中如发现他人遇到困难，应积极主动伸出援助之手，为他人排忧解难。

(1)遇到其他车辆乘员向自己询问路线时，应实事求是、耐心回答；

(2)发现其他车辆有安全隐患时，应及时提醒驾驶者，防止事故发生；

(3)发现有求助的车辆时，应减速停车，给他人以帮助；

(4)遇到其他车辆陷入泥泞或损坏路段行驶困难时，应尽力给予帮助；

(5)遇到交通事故需要帮助时，应减速停车，协助保护事故现场，并立即报警。如果伤者需要抢救，应及时拨打急救电话或送伤者去医院。

驾驶者从初学驾驶开始，就应注重安全文明驾驶意识的培养，并将安全文明意识贯穿驾驶的全过程。

项目二 礼让行车

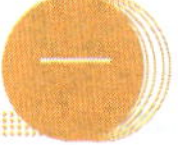

一 礼让三先

安全文明驾驶应做到“礼让三先”：先慢、先让、先停。驾驶者应自己做到不开“违章车”、“英雄车”；对他人的不良驾驶行为做到宽容、大度、礼让，正确处理好有理与无理的关系，不开“斗气车”，保持冷静的心态。与车辆前方有不确定情况出现时应主动减速慢行，必要时停车避让，不得加速超越或连续鸣喇叭催促。

二 礼让行人

行人的主要特点是行走随意性大，方向多变，很容易引起险情，道路通行中应当坚持行人优先的原则。

常见行人的动态特点

行　人	动 态 特 点
儿童	活泼好动，自我控制能力差，迷于玩耍，不知道车辆的危险
老年人	行动迟缓，耳目不灵，对突然临近的车辆会不知所措
行动不便的人	行动缓慢，容易摔倒
盲人	听觉灵敏，但对车辆的躲避准确度差，甚至会出现方向错误
聋哑人	与正常人在外表上没有区别，但对声音没有反应
玩手机的行人	低头看手机或接打电话，不注意观察交通情况，遇突然情况不知所措
雨中行人	撑雨伞或穿雨衣造成视觉、听觉受阻，反应慢、不灵敏
寒冷天的行人	穿大衣或载棉帽时，视线受阻，听觉下降
无交通经验的行人	不会正确地躲避车辆，车辆临近时会左右徘徊，甚至横穿道路；不能同时注意多方向的车辆
赶牲畜的人	遇牲畜扰动时，视线受阻、听觉下降
挑担、扛农具的人	动作范围和空间大，往往只顾身体而忽视担子、农具横出

（1）即使在没有交通信号的路段，也应避让横穿马路的行人；

（2）人行道有障碍无法正常通行时，机动车应当减速慢行，避让借用行车道通行的行人；

（3）发现儿童在路边玩耍、嬉戏打闹时，应当减速慢行，随时注意观察儿童动态，发现异常要及时停车避让；

（4）驾驶机动车遇到缓慢横过道路或在路边行走的老年人，要提前降低车速，距离较近时要及时停车让行；

(5)驾驶机动车遇到盲人或行动不便的行人横过道路时，要及时减速或停车礼让；

(6)行驶中，遇低头看手机的行人或打电话等不集中精力观察路况的行人时，一定要提前鸣喇叭提示，并减速慢行，防止临近时鸣喇叭使其慌不择路，出现危险；

(7)行经有积水、泥泞、碎石或者易产生扬尘的道路，应当减速慢行或者避让，不得加速通过；

(8)遇到翻越中间护栏的行人时，应迅速减速并鸣喇叭提示，注意观察行人动态，做好随时停车的准备，预防行人迅速跑向右侧路边；

(9)冬天，行人戴的帽子会遮挡视线、影响听觉，驾车临近时要提前鸣喇叭进行提示，减速行驶，防止行人未觉察到车辆临近，突然横穿道路；

(10)驾驶机动车遇到路边有挑担子的行人时，应提前减速行驶，适当鸣喇叭提示，与其保持一定的横向距离，注意观察行人动态，预防行人担子换肩或担子突然横出；

(11)遇到有人赶骑牲畜在道路上通过或同方向行进时，应适当降低车速，与其保持较大的安全间距，切忌临近时鸣喇叭或加速绕行，以防引起牲畜骚动或赶牲畜的人为保护牲畜突然冲到路中。

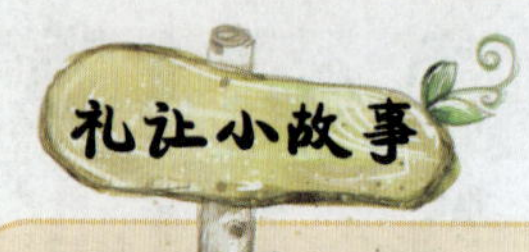

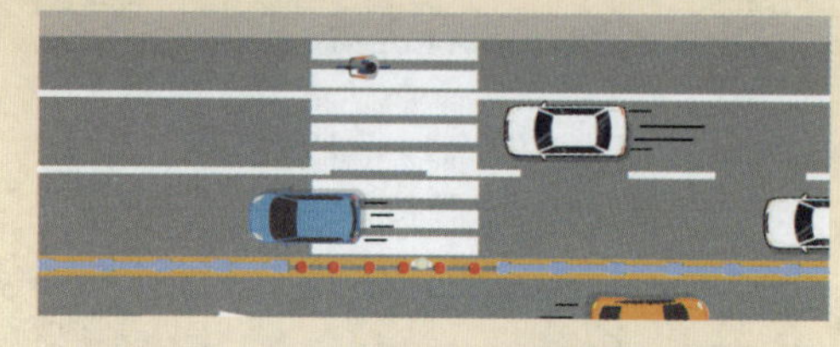

三 礼让非机动车

非机动车主要有自行车、电动自行车、人力车、畜力车，新兴的还有独轮平衡代步车、滑板代步车等，这些车普遍稳定性较差，有的速度还很快，而且不同的人使用时还表现出不同的动态特点，因此行车中应时刻注意避让非机动车。

常见非机动车的动态特点

非机动车	动态特点
少年骑车人	对自行车平衡把握不好，会突然驶入道路中央
青年骑车人	骑车速度快，经常会相互追逐，突然猛拐
老年骑车人	骑车速度慢，不能及时躲避，容易摔倒
负重骑车人	自行车负重或载人后，灵活性、平衡性变差，遇路面复杂或上下坡时容易摔倒
骑电动自行车的人	速度快，行动灵活，经常在行车道内行驶，紧急躲避时容易摔倒
夜间骑车人	反光标志不明显，不易被发现，遇对面强光照射时，会因炫目左右摇晃或摔倒
雨天骑车人	行动匆忙，速度快，视线和听觉不佳，会突然横穿道路
冰雪路骑车人	自行车稳定性极差，经常会突然摔倒
人力车	结构简单，速度缓慢，不能及时避让车辆
畜力车	被动控制，速度较慢，牲畜受到意外刺激，容易发生“惊车”
独轮平衡或滑板代步车	稳定性差，速度快，很容易失去平衡

（1）机动车进出道路、按照规定进入路边临时停车位或停车场等临时经过非机动车道通行时，应当避让非机动车且最高时速不得超过每小时30公里；

（2）遇有非机动车准备绕过停放的车辆或抢道行驶时，驾驶者应主动减速让行；

（3）行车中要注意非机动车警告标志，遇前方非机动车影响通行时，可提前鸣喇叭提示，减速并注意观察其动态，预留足够的横向安全距离，从左侧绕行，防止骑车人摔倒或突然改变骑行方向；

（4）老年人骑自行车行动比较缓慢，遇情况往往躲避不及时，此时驾驶者应提前鸣喇叭，减速或停车避让，预防老人突然摔倒；

（5）成群青少年骑自行车喜欢并排占道行驶，当超越他们时，应当提前鸣喇叭提示，减速慢行，随时准备停车；

（6）驾驶机动车行经积水路面时，要低速缓慢通过，以免溅起的泥水让路边的骑车人无法躲避甚至摔倒；

（7）夜间行车，遇非机动车对向驶来时，应提前改用近光灯，减速避让，避免引起骑车人炫目；

（8）行车中遇人力车时，应减速慢行，与其保持安全间距。在下坡路段，开车超越人力车后，如果准备制动或停车时，要给人力车留出足够的安全距离，避免人力车追撞汽车；

(9)行车中遇畜力车时，避免因牲畜受到惊吓而发生安全事故，应在较远处鸣喇叭，并提前减速。遇牲畜(畜力车)突然横穿、抢道时，应主动减速慢行，必要时停车避让。

四 避让动物

驾驶机动车在动物保护区或牧区行驶时，要降低车速，随时注意避让动物。

五 礼让特殊车辆

1)避让执行任务的特殊车辆

行车中遇执行任务的警车、消防车、救护车、工程抢险车时，应及时避让。

2)礼让校车

驾驶机动车遇到校车在道路右侧停车上下学生，校车后方车辆和同向行驶的相邻机动车道上的机动车要停车等待，不得鸣喇叭或者使用灯光催促校车；与校车同方向行驶的其他车道上的车辆应当减速通过。

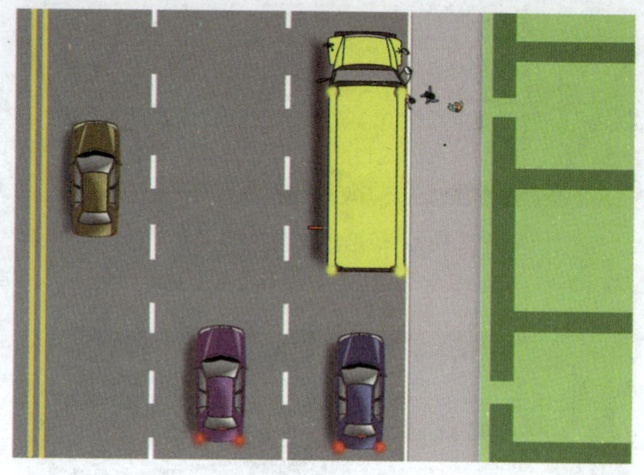

3)避让异常行驶的车辆

驾驶过程中，如遇车辆异常行驶、开“斗气车”、强行“加塞”等状况出现，应保持平和的心态，并及时采取避让措施。

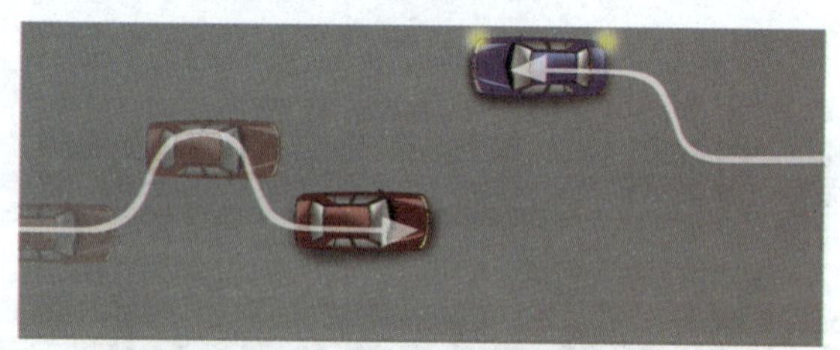

异常行驶车辆的驾驶者在做什么？

(1)驾驶者可能是处于醉驾或毒驾状态；

(2)如果是夜间或午后，驾驶者可能处于疲劳驾驶状态；

(3)驾驶者可能驾驶经验不足；

(4)驾驶者可能在打电话、玩手机或是在找路。

第二节 防御性驾驶常识

项目一 危险源的识别

常见的危险源大体可分为三类：人的不安全行为、车辆的不安全状态、道路及环境的不安全因素。

常见危险源的种类

危险源种类	细分类别	常见危险源
人的不安全行为	驾驶者	（1）本车和其他车辆驾驶者的违法和不文明驾驶行为，如超速行驶、疲劳驾驶、不遵守交通信号等 （2）因技能不熟练引起的操作错误或情况判断失误导致的操作不当引起的危险，如将加速当作刹车等
	其他交通参与者	行人和非机动车闯红灯、行人突然横穿道路等
车的不安全状态	机动车	车辆的安全技术条件不符合标准引起的危险，如车辆照明及信号装置故障、刹车失灵等
	车内物品	车内物品放置不当或装载不安全物品、装载不合规定引起的危险，如车辆超员、载物超重超限等
道路及环境的不安全因素	道路条件复杂	复杂道路条件引起的危险，如城市复杂路口、山区道路、隧道等
	天气状况及环境不佳	夜间和雨、雪、雾及风沙天气带来的驾驶风险

项目二 预防性驾驶方法

1 潜在危险识别“黄金三原则”

驾驶者要牢记三条黄金原则：集中注意力、仔细观察和提前预防。驾驶者要通过仔细观察道路及周围交通环境，提前识别行车中的潜在危险，主动预防可能发生的险情。

2 潜在危险预防方法

(1)环顾周围环境，灵活观察盲区。行车中，要不停地环顾周围交通情况，灵活变换视野，既要注意地面和车辆前上方的情况，也要注意借助后视镜和调整头部位置的方式观察后方及两侧盲区中的情况；

(2)保持安全距离，预留缓冲空间。驾驶时，要注意与周围车辆、行人等之间保证足够的安全距离；

(3)及时沟通信息，提示他人注意。驾驶者要充分借助喇叭、车辆照明及信号装置向他人发出信号，表明自己的行驶意图和行驶状态，让他人及时地注意到自己；

(4)既看“天”又看“地”。驾车时不仅要看路面交通情况，还要注意道路上方的情况，如道路上方的指路标志、限高标志等，尤其是经过立交桥、涵洞、隧道时要特别注意观察上方交通标志、顶部障碍等；

(5)瞻前顾后。行车中，驾驶者要每隔不超过20秒观察一次后视镜，了解后方交通情况；

(6)望远、看中、顾近。行车中，驾驶者要放眼远方，同时兼顾近处的交通情况，做到“望远、看中、顾近”，以获取最全面的交通信息，提前发现险情。

项目三 典型交通情景下的预防性驾驶

下面列出几种典型的潜在危险供大家学习如何预判潜在的危险，进行预防性驾驶。

（1）跟车时，前车可能会突然减速停车；

（2）路面有皮球滚出时，后面可能有孩子突然跑到路中；

（3）小区内路口被楼遮挡，遮挡后路口可能有行人或非机动突然出现；

（4）路口停着的车辆前可能会有行人突然出现，横过道路；

（5）公交站内停止的公交车前可能会有行人突然走出；

（6）路边开启危险报警闪光灯的前车可能突然开启车门；

（7）前方弯道山体后可能有停驶的车辆、落石等；

（8）跟车时，看到前方车辆行驶不正常，其驾驶者可能存在酒驾、疲劳驾驶等特殊情况；后车跟车过近很容易追尾，采用轻踩刹车的方式来警示后车；跟随大车行驶很容易被遮挡视线，无法判断信号灯变化或大车前面潜在的风险；

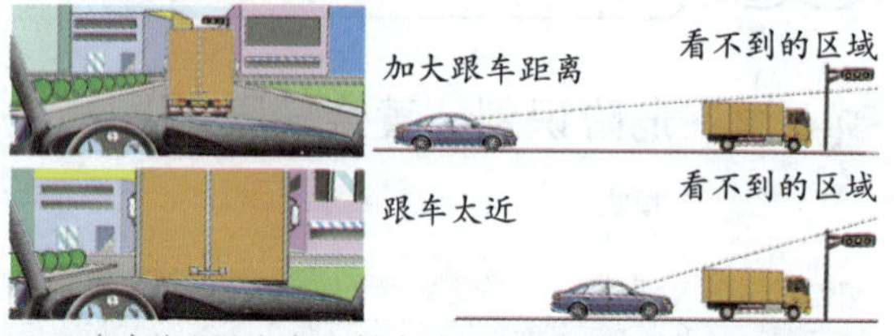

（9）在通过路口等红灯时，可能出现前车溜车、转弯车辆剐蹭及后方车辆追尾等；红灯变绿灯时，相交道路上可能还有正在通行或强行的车辆，不要着急起步；绿灯亮时不代表路口安全，其他车辆、行人和非机动车有可能发生闯红灯等行为；

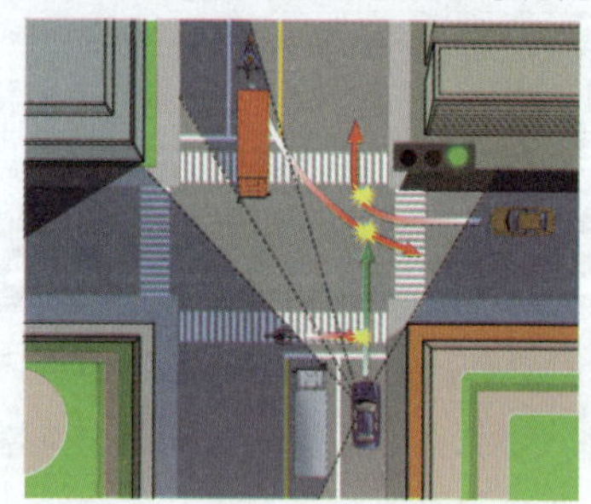

(10)左转时,可能出现前方大车遮挡区域或车辆左侧盲区内有行人、旁边车道车辆超越自己抢先左转弯、对向车道车辆侧方盲区有非机动车或行人、对面车道右转车辆不让行的风险;

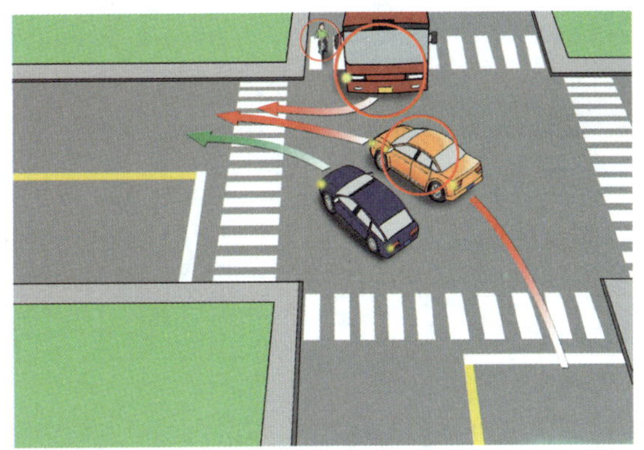

(11)右转时,可能出现右侧有直行的非机动车和行人、非机动车和行人闯入右侧内轮差区域、路边建筑物或车辆造成的盲区内有行人或非机动车、旁边车道的车辆抢先右转弯、前面大车为增大转弯空间先向左侧转向再右转的风险;

(12)通过环岛时,可能出现车辆不让行而强行驶入环岛、刚驶入环岛的车辆占据外侧车道,妨碍本车变道驶出、最内侧车道车辆为了驶出环岛急减速或突然变道、外侧车道的车辆驶出环岛时突然减速的风险;

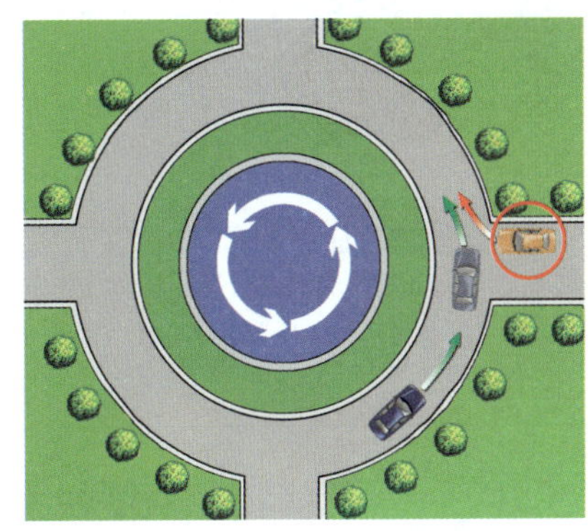

(13)超车时,可能出现与被超车、对向来车同时在一条横向直线上,后车也正准备超车,超车后没有驶回原车道空间,对向驶来的大型车后遮挡有其他车辆的风险;

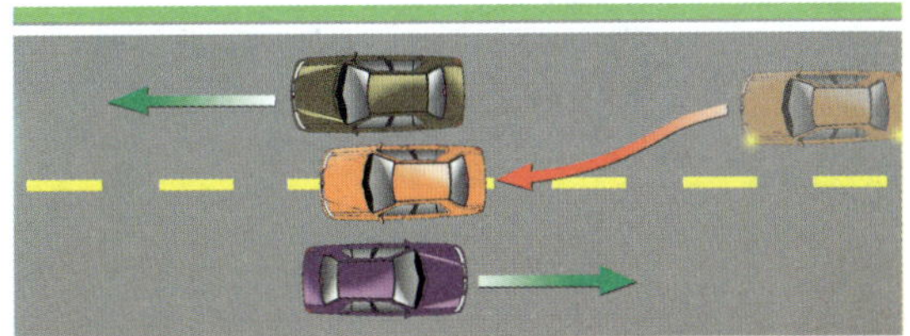

(14)停车后,如果没有仔细观察后方和左侧交通情况,就贸然开车门,容易妨碍其他车辆及行人通行。

科目三理论考试（学习）方法

科目一理论知识的学习方法在科目三理论知识学习中同样适用，除此之外还要掌握以下技巧。

联系实际学

科目三理论试题绝大部分都与实际道路交通相关，注重考核驾驶者的实际道路交通情况处置能力，所以在学习中一定要将理论知识与实际结合起来才能取得事半功倍的效果。在平时自测时，将自己置身于试题所模拟的场景当中，想象如果自己遇到这种情况如何处置，能够加深理解与记忆。

带着问题学

在理论知识的学习中，要多问为什么，对于不理解的知识、试题，不可死记硬背，带着问题多查资料、多向教练请教，在理解的基础上加深记忆。

科目三易混淆试题详解

判断题

1.右侧标志警告前方路段要注意儿童。（√）

试题解析：图中标志为注意儿童标志，提醒前方路段要注意儿童。

2.前方标志指示路右侧是高速公路临时停车处。（×）

试题解析：图中标志为高速公路紧急停车带标志，表示前方路段设有紧急停车带。

3.安装防抱死制动装置（ABS）的机动车制动时，制动距离会大大缩短。（×）

试题解析：ABS的主要任务是为了避免轮胎抱死而使车身失去控制发生侧滑、甩尾等危险现象，并不能直接的缩短制动距离。

4.驾驶机动车在前方路口掉头前先进入左转直行车道。（×）

试题解析：图中路面画有掉头的导向箭头，应提前进入掉头车道进行掉头。

5.如下图所示，机动车通过铁路道口的做法是正确的。（×）

6.夜间行车时，全车灯光突然熄灭，应当立即迅速制动，靠边停车。（×）

试题解析：夜间行车时全车灯光突然熄灭，应当开启危险报警闪光灯，慢慢减速，靠边停车。危险报警闪光灯不受其他设备影响，是单独工作的。

7.右侧标志提醒注意前方是驼峰桥。（×）

试题解析：图中标志为路面高凸标志，表示提醒前方路面比正常路面突然高突。

8.前方标志表示除大客车以外的其他车辆不准进入右侧车道行驶。（×）

试题解析：前方标志为快速公交车道标志，只允许快速公交车行驶。

9.路口两侧导流线表示直行或右转弯不得压线或越线行驶。（√）

10.如图所示，驾驶机动车遇到这种情形时，应减速在其后保持安全距离通过路口。（√）

试题解析：前方有自行车行驶，且有停车让行标志，驾驶机动车遇到这种情形时，应减速在自行车后保持安全距离。

11.机动车在泥泞路段后轮发生侧滑时，要将转向盘向侧滑的相反方向缓转修正。（×）

试题解析：后车轮侧滑向侧滑的方向打方向盘，前轮侧滑往相反的方向打方向盘。固试题描述错误。

12.驾驶机动车从加速车道汇入行车道有困难时可停车让行。（×）

试题解析：因为所处的车道为加速车道，固不能停车让行，而是在汇入有困难时刻减速让行。

13.驾驶机动车通过短而陡的上坡坡道时，采用加速冲坡的方法，在接近坡顶时应提前松开加速踏板，利用惯性冲过坡顶。（×）

试题解析：不要临到坡前才加速冲坡，而应先对坡度的大小，长短做出适当估计，提前加速，充分利用汽车的惯性冲坡，做到“高速挡不硬撑，低速挡不硬冲”，以利节油。

14.机动车落水后，只有在水快浸满车厢时，才有可能开启车门或摇下车窗玻璃逃生。（√）

试题解析：车辆掉水后，车内压力低于车外的压力，这个时候很难打开车门，即使打开了车门，水一下子涌进来，可能会造成更大的伤害。当水浸满车厢后，内外压力接近时，以上问题都能解决了。因此本题正确。

15.救火时不要脱去所穿的化纤服装，以免伤害暴露的皮肤。（×）

试题解析：化纤易燃是一方面，主要是化纤不能耐高温，融化后会紧贴在皮肤上，对皮肤伤害很大，导致烧伤。因此救火时应当脱去化纤服装避免烧伤。

16.伤员骨折处出血时，先固定好肢体再进行止血和包扎。（×）

试题解析：应先消毒止血才能进行固定。

17.烧伤伤员口渴时，只能喝白开水。（×）

试题解析：烧伤的伤员有创面，容易导致体液丢失，需要用淡盐水补液。

18.路中心黄色虚实线指示允许暂时越过超车。（√）

试题解析：虚线这一边的车辆可以允许超车、压线，实线那边的车辆就禁止超车和压线。

19.路口内中心圈标示左小转弯要沿内侧行驶。（√）

试题解析：如果左转转小弯，只有沿着路口中心圈内侧行驶，转向半径和转向弧度才是较小的，因此题目中所说的是正确的。

20.如图所示，驾驶机动车在路口前遇黄灯亮时，应停车等待。（√）

试题解析：黄灯亮时，已越过停止线的车辆可以继续通行；其他情况需要停车等待。

二 选择题

21.在冰雪路面制动时，发现车辆偏离方向，以下做法正确的是？（B）

A.连续轻踩轻放刹车

B.停止踩刹车

C.用力踩刹车

D.以上做法都不对

试题解析：这个情况下，立即踏制动踏板容易引起侧翻，正确做法是先握紧方向盘，不要紧急踩刹车。

22.驾驶机动车在有这种标志的路口怎样通过最安全？（B）

A.减速观察左后方情况

B.减速缓慢进入路口

C.停车观察路口情况

D.加速尽快进入路口

试题解析：图中路口行人机动车较多，图中标志为减速让行标志，所以需要减速缓慢进入路口。

23.机动车在狭窄的坡路会车时，正确的会车方法是什么？（A）

A.下坡车让上坡车

B.上坡车让下坡车

C.坡顶交会时距离坡顶远的一方让行

D.下坡车已行至中途而上坡车未上坡时，让上坡车

试题解析：《道路交通安全法实施条例》第四十八条规定：在狭窄的坡路，上坡的一方先行；但下坡的一方已行至中途而上坡的一方未上坡时，下坡的一方先行。

24.驾驶机动车进入这个路口怎样使用灯光？（B）

A.开启危险报警闪光灯
B.不用开启转向灯
C.开启左转向灯
D.开启右转向灯

试题解析：由图中标志和路口形态知道，此路口为环岛，进入环岛时不需要开启转向灯。

25.如图所示，在这种无信号灯控制情况下，A、B、C车的通行权顺序是什么？（D）

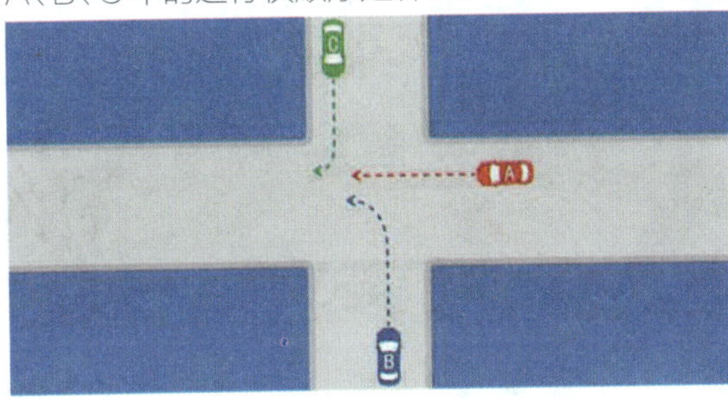

A.C车、A车、B车
B.A车、C车、B车
C.B车、A车、C车
D.A车、B车、C车

试题解析：在这种无信号灯控制情况下应该转弯让直行，右转车辆要让左转车辆。

26.驾驶机动车遇到这种特殊情况怎样行驶？（D）

A.加速靠左侧让行
B.靠右侧减速让行
C.保持原行驶路线
D.靠左侧减速让行

试题解析：如果靠右行驶会冲撞到执行任务的警车，这是法规不允许的。

27.驾驶汽车频繁变更车道的危害以下选项错误的是？（B）

A.扰乱交通秩序
B.易导致爆胎
C.易引发交通事故
D.影响正常通行

28.夜间驾驶机动车在道路上会车，为避免对方驾驶者眩目，应距离对向来车多远改用近光灯？（D）

A.150米以内
B.50米以内
C.100米以内
D.150米以外

试题解析：间驾驶机动车在道路上会车，为避免对方驾驶者眩目，应距离对向来车150米以外改用近光灯。

29.怎样抢救脊柱骨折的伤员？（C）

A.采取保暖措施
B.用软板担架运送
C.用三角巾固定
D.扶持伤者移动

试题解析：应该是原地固定等待专业救护人员，脊柱骨折被移动很有可能将导致高位截瘫。用三角巾固定是其中最安全的措施。

30.驾驶机动车遇到沙尘、冰雹、雾、雨、雪等低能见度条件时，应该怎样做？（A）

A.开启前照灯、示廓灯和后位灯
B.高频率鸣喇叭使其他交通参与者知道自己的位置
C.同向跟车较近时，应使用远光灯
D.适当提高车速，尽快到达目的地，结束行车

试题解析:《道路交通安全法实施条例》第五十八条规定:机动车在夜间没有路灯、照明不良或者遇有雾、雨、雪、沙尘、冰雹等低能见度情况下行驶时,应当开启前照灯、示廓灯和后位灯。

31.行车中与其他机动车发生正面碰撞已不可避免时怎样处置?(C)

A.变正面碰撞为侧面碰撞

B.向右急转转向盘躲避

C.迅速采取紧急制动

D.向左急转转向盘躲避

试题解析:当正面碰撞已不可避免时,应该采取紧急制动,以减小碰撞力度。这时动方向盘避让会造成翻车等更严重的伤害。

32.在这种公交车站怎样预防公交车突然起步?(C)

A.在公交车后停车

B.迅速超越公交车

C.减速,缓慢超越

D.连续鸣喇叭提醒

试题解析:公交车突然起步,要增加安全间距,减速慢行,时刻注意公交车动态。

33.当机动车在湿滑路面上行驶时,路面附着力随着车速的增加如何变化?(C)

A.急剧增大

B.逐渐增大

C.急剧减小

D.没有变化

试题解析:雨天路面湿滑,车速增加,路面附着力会急剧减小。

34.最容易发生侧滑的路面是(B)

A.干燥水泥路面

B.下雨开始时的路面

C.潮湿水泥路面

D.大雨中的路面

试题解析:当雨刚开始时路面便像撒上一层薄薄的润滑剂,此时路面最为湿滑。

35.液化石油气罐车在运输途中发生大量泄漏时,下列措施错误的是什么?(D)

A.切断一切电源

B.戴好防护面具和手套

C.关闭阀门制止渗漏

D.组织人员向下风方向疏散

试题解析:应组织人员往上风处疏散。

36.在这种条件的道路上怎样行驶才安全?(C)

A.靠路左侧转大弯

B.靠弯路中心转弯

C.靠路右侧转小弯

D.借对向车道转弯

试题解析:图中标志警告前方为向右急弯,所以应靠右侧转小弯行驶。

37.驾驶机动车在山区道路行驶时,以下说法正确的是什么?(A)

A.上坡路段的安全距离应比平坦路段的大

B.下坡路段的安全距离应比平坦路段的小

C.急弯路段应当紧随前车

D.急弯路段可以超车

试题解析:上坡、下坡时,安全距离都应保持得比平坦路段大,以避免前车溜车或刹不住车而造成交通事故。

38.在堵车的交叉路口绿灯亮时，车辆应怎样做？ (C)

A.在保证安全的情况下驶入交叉路口

B.可直接驶入交叉路口

C.不能驶入交叉路口

D.可借对向车道通过路口

试题解析：如遇前方堵车，即使路口是绿灯，也不要驶入，因为这样会加重拥堵。

39.在普通道路驾车遇暴雨，刮水器无法改善驾驶者视线，此时要采取的措施是 (C)

A.减速行驶

B.集中注意力谨慎驾驶

C.立即减速靠边停驶

D.以正常速度行驶

试题解析：刮水器无法改变视线，证明能见度已经很差，在无法看清前方道路的情况下，减速靠边停车时最为明智的选择。

40.下坡路制动突然失效后，不可采用的办法是什么？ (A)

A.拉紧驻车制动器操纵杆或越二级挡位减挡

B.将机动车向上坡道方向行驶

C.利用道路边专设的避险车道停车

D.用车身靠向路旁的岩石或树林碰擦

试题解析：拉紧驻车制动器操纵杆是指把手刹拉死，突发状况中突然拉死手刹会造成翻车，这种做法不可取。

三 多项选择题

41.车辆发生碰撞时，关于安全带作用的说法错误的是什么？ (ACD)

A.保持正确驾驶姿势

B.减轻驾乘人员受伤程度

C.保护颈部不受伤害

D.减轻驾驶者疲劳

试题解析：安全带最重要的作用就是减轻驾驶者受伤程度，保护驾驶者的生命安全，选择错误项，固选择ACD。

42.驾驶机动车突然发生侧翻时，以下做法正确的是什么？ (BCD)

A.迅速跳车逃生

B.双手紧握转向盘

C.双脚勾住踏板

D.背部紧靠椅背

试题解析：驾驶机动车突然发生倾翻时，应当双手紧握转向盘、双脚勾住踏板、背部紧靠椅背，在车辆停稳前切不可跳车逃生，以防发生被砸或者碾压危险。

43.夜间会车时，对面来车不关闭远光灯怎么办？ (ACD)

A.及时减速让行，必要时靠边停车

B.开启远光灯，迫使来车变换灯光

C.视线向右平移，防止眩目

D.交替变换远近光灯，提醒来车

试题解析：可交替使用远近光灯，同时减速靠右侧行驶或停车，或者视线向右平移，防止眩目。

44.彭某驾驶一辆重型半挂牵引车，载运37.7吨货物(核载25吨)，行至大广高速公路一下坡路段，追尾碰撞一辆由李某驾驶在应急车道内行驶的重型自卸货车(货箱内装载3.17立方黄土并搭乘24人)，造成16人死亡、13人受伤。此事故中的主要违法行为是什么？ (BCD)

A.彭某超速行驶

B.彭某驾驶机动车超载

C.李某在应急车道内行驶

D.李某货车车厢内违法载人

试题解析：彭某的车核载25吨，载运37.7吨，存在超载的情况；货箱内装载3.17立方黄土并搭乘24人，故李某货车车厢内违法载人；在应急车道内行驶的重型自卸货车，故李某存在在应急车道内行驶的违法行为。

45.驾驶机动车起步前，驾驶者对乘车人需要提出什么要求？ (ACD)

A.系好安全带

B.调整好后视镜

C.不要把身体伸出车外

D.不要向车外抛洒物品

试题解析：调整好后视镜时驾驶者应该做的事情，与题干不符，所以不选。

46.这个小型客车驾车人有哪些违法行为？（ABCD）

A.接打手持电话

B.无证驾驶

C.酒后驾驶

D.未系安全带

试题解析：D选项的选择是从中观察得出的，图中驾驶者并没有系安全带，其他违法行为在对话框中可得。

47.驾驶者在下车前应注意什么？（ACD）

A.车门开的幅度不要过大

B.开门下车动作要迅速

C.仔细观察左后方情况

D.开车门的动作要缓慢

试题解析：驾驶者在下车前，首先仔细观察左后方情况，在确定左后方无人经过时开车门，车门开的幅度不要过大，下车要缓慢，避免影响非机动车与机动车。

48.某日19时，杨某驾驶大客车，乘载57人（核载55人），连续行驶至次日凌晨1时，在金城江区境内050国道3008公里加110米处，因机动车左前胎爆裂，造成12人死亡、22人受伤的特大交通事故。杨某的主要违法行为是什么？（CD）

A.操作不当

B.超速行驶

C.客车超员

D.疲劳驾驶

试题解析：题目提到连续行驶到次日凌晨1时，属疲劳驾驶；题目提到只能做55以上，却坐了57人，属客车超员。

49.机动车避免爆胎的正确做法是什么？（BCD）

A.降低轮胎气压

B.定期检查轮胎

C.及时清理轮胎沟槽内的异物

D.更换有裂纹或损伤的轮胎

试题解析：降低轮胎气压，如果过低还是会导致爆胎的，所以A选项不选。

50.戚某驾驶大客车，乘载28人（核载55人），由南向北行至一无交通信号控制的交叉路口，以50公里的时速与由东向西行至该路口李某驾驶的重型半挂牵引车（核载40吨，实载55.2吨）侧面相撞，造成12人死亡、17人受伤。此事故中的主要违法行为是什么？（BC）

A.客车超员

B.客车超速行驶

C.货车超载

D.货车驾驶者经验不足

试题解析：行至一无交通信号控制的交叉路口，以50公里的时速，超速啦；核载40吨，实载55.2吨，说明货车超载。

第三章

实际驾驶操作训练

第一节 基本功驾驶训练

项目一 起步、停车

一 起步

1 手动挡起步操作顺序

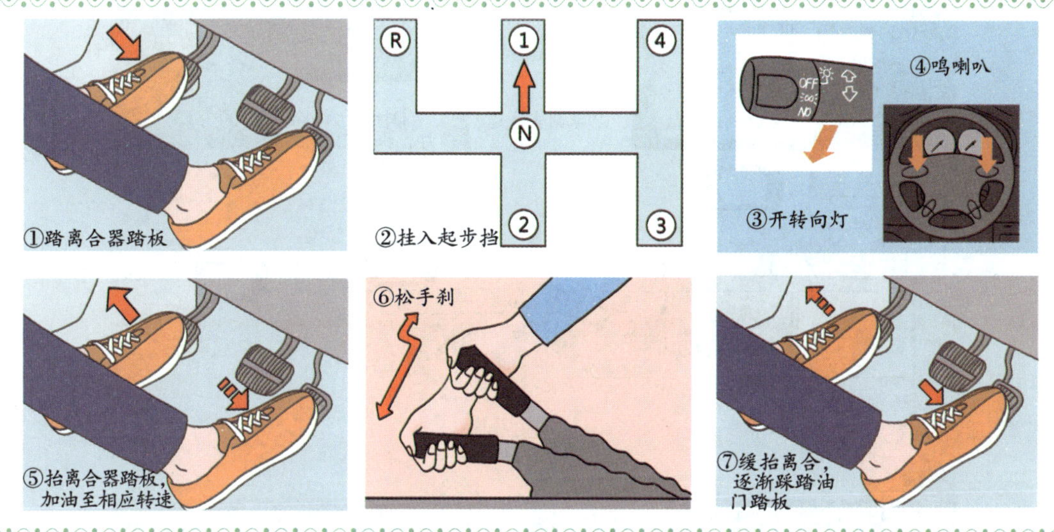

2 自动挡起步操作顺序

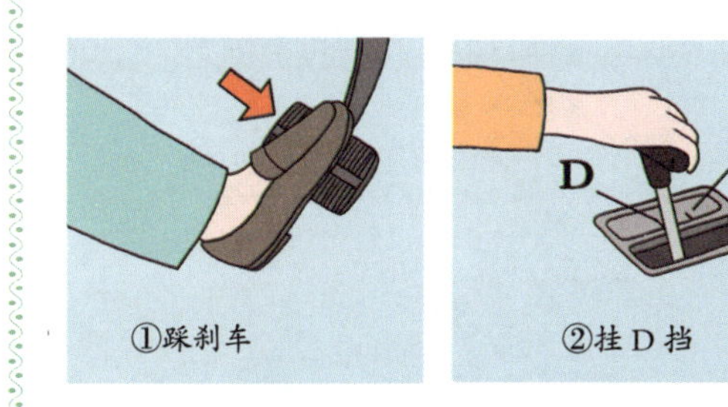

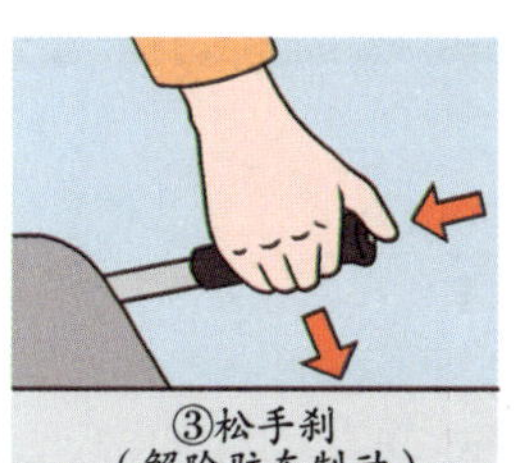

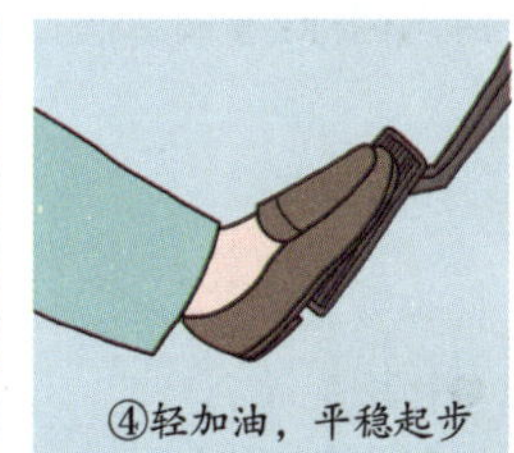

小知识

起步准备内容

- ●起动发动机；
- ●查看各仪表和车内设施是否正常；
- ●查看各车门是否关牢；
- ●驾乘人员安全带是否系好；
- ●观察后视镜，注意车身两侧的障碍物。

二 停车

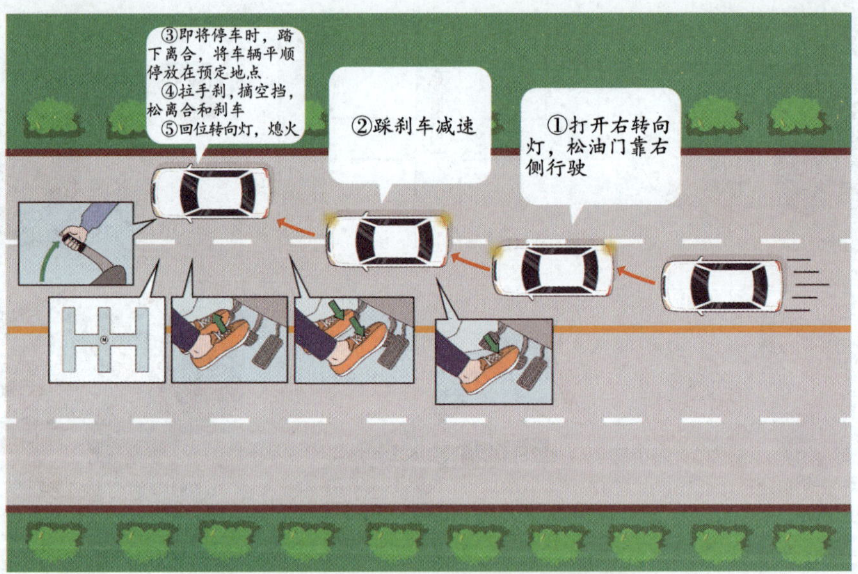

项目二 起步、直行、加速、减速、停车

练习目标：掌握直行、加速、减速的能力，能够实现起步、直行、增速、减速、停车的准确操控。

一 直行

操作要领：

- ●挺胸抬头；
- ●目视正前方；
- ●选择适合的行驶位置，在车道中央行驶；

●扶稳方向，两手根据视觉判断左右偏离多少进行方向修正。

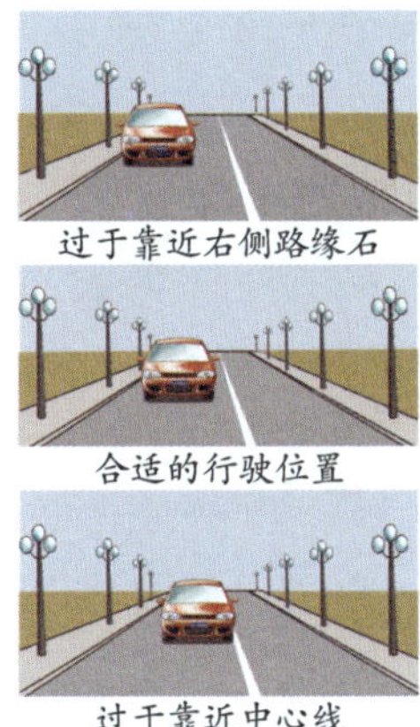

行驶在直线路段，试着体会靠右侧，左侧、中心行驶的不同感觉，以便熟练快速地选择合适的行驶位置

二 加速

1 手动挡加速操作要领

●规范起步后，慢踩油门；

●逐级加挡，在转速达到适合区间加挡。

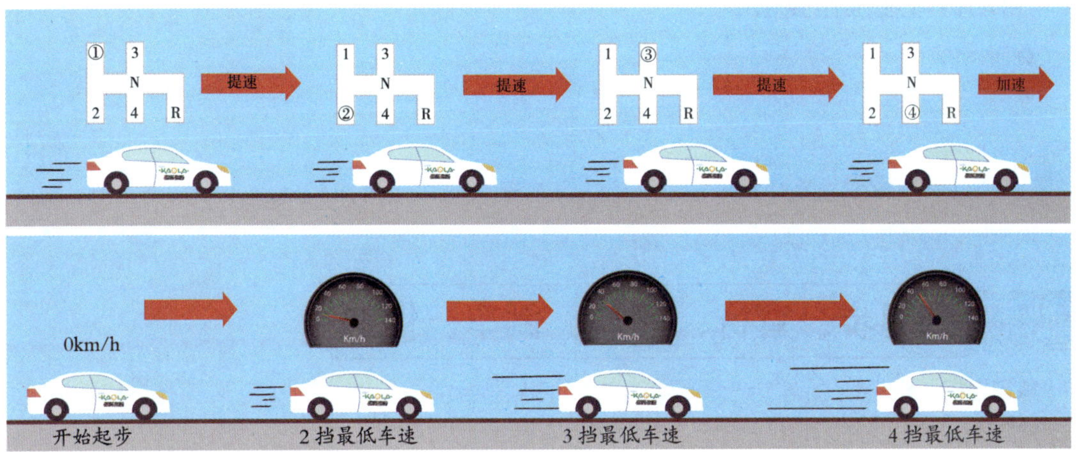

2 自动挡加速操作要领

●将变速操纵杆置于正常行驶(D)位置；

●起步后，加油即提速；

●将车速控制在适合的范围内。

三 减速

1 手动挡减速操作要领

●抬油门;

●慢踩刹车,降速;

●根据车速与挡位匹配关系,逐级减挡;

●即将停车时,踩离合。

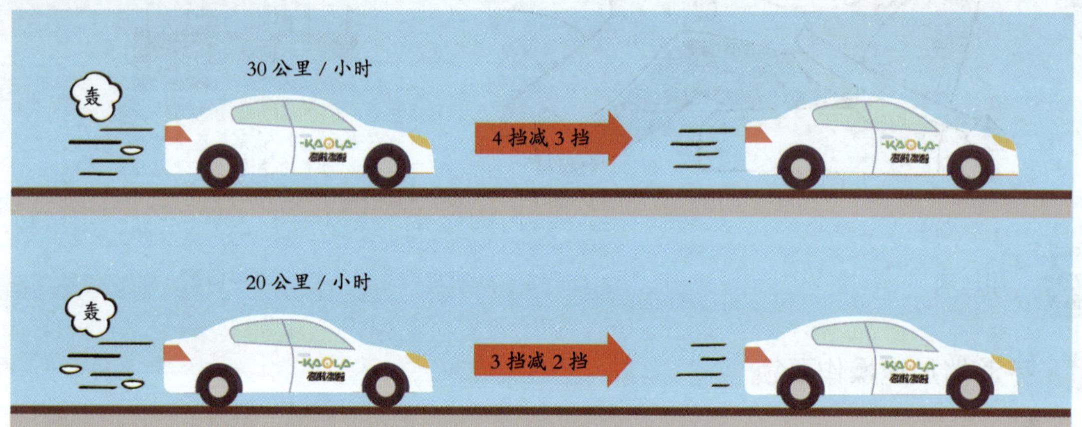

2 自动挡减速操作要领

●抬起油门;

●将右脚转换至刹车踏板,用刹车减至适合的速度。

四 综合训练

根据项目操作要领进行起步、直行、加速、减速、停车的准确操控。

项目三 起步、直行、停车、倒车、停车

练习目标: 选择适当的倒车路线和速度,安全、平稳地倒车,同时能够实现起步、直行、停车、倒退、停车的精准操作。

一 倒车

操作要领:

●倒车前,认真观察车后并选好参照物;

●根据需要调整最佳身姿，挂倒挡，用前进起步同样的操作顺序进行后倒，起步时的车速要缓慢；

●车辆后倒过程中，两手根据视觉判断左右偏离多少进行方向修正。通过油门和离合的配合控制车速，防止倒车动力不足而熄火或因倒车过猛发生危险。

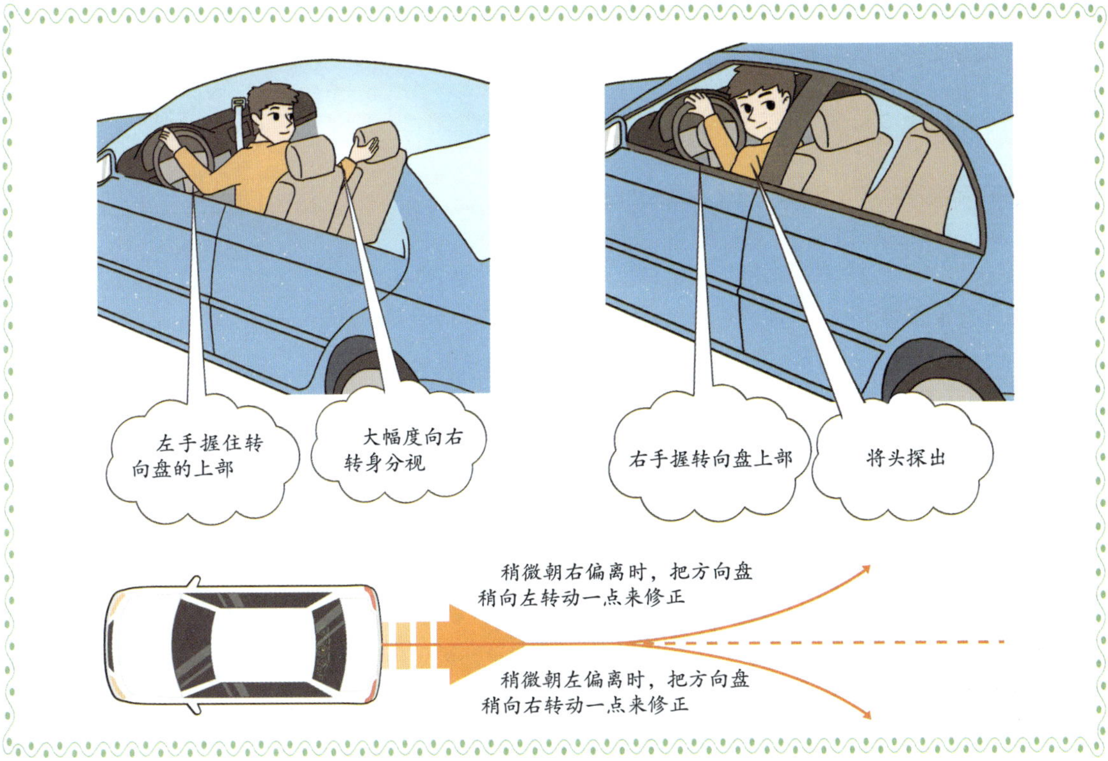

二 综合训练

根据已学习的起步、直行、停车的动作要领，倒车的训练融入，完成起步、直行、停车、倒车、停车的综合训练。

项目四 起步、前转、停车、退转、停车

练习目标：掌握好前转、退转的转向时机和速度，实现平稳转向，同时能够实现起步、前转、停车、退转、停车的准确操控。

一 前转

操作要领：

1）向左转向

●据路况向左打方向，左手为主，右手为辅，根据视觉判断路况与车身的关系修正方向。

2）向右转向

●据路况向右打方向，右手为主，左手为辅，根据视觉判断路况与车身的关系修正方向。

3）连续快速转向

●右转向时，右手拉，左手推，防止出现剪刀臂；

●左转向时，左手拉，右手推，防止出现剪刀臂。

二 后退转弯

后退转弯时操作转向盘要比前进困难，需注意：

●因视线受限，需谨慎观察车后；

●因前轮转向导致车头摆幅增加，需注意车头的安全间距，谨防擦碰；

●因驾驶者的视区与车感发生了变化，谨记车尾向哪去，方向向哪转。

三 综合训练

根据已学习的起步、停车动作要领，将前转、后退转弯的训练融入，完成起步、前转、停车、后退转弯、停车的综合训练。

项目五 方向控制

练习目标：掌握方向盘的控制方法。

注意事项：

● 转动方向不可用力过猛，修正方向用力要轻柔，避免左、右晃动；

● 尽量避免原地转动方向盘，以免损坏转向机件；

● 车辆行驶中，严禁双手同时离开方向盘。

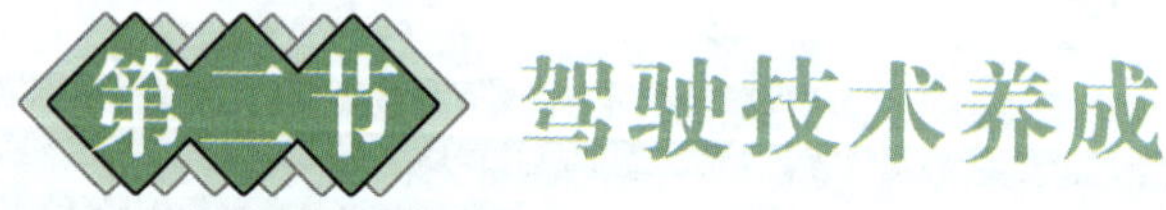

第二节 驾驶技术养成

项目一 离合、刹车的控制

练习目标：充分了解离合和刹车的作用，并做到应用自如。

一 离合器的使用

1 离合器的作用

离合器用以操控发动机动力与驱动轮的连接与脱开，用于起动发动机、车辆起步、换挡及停车。

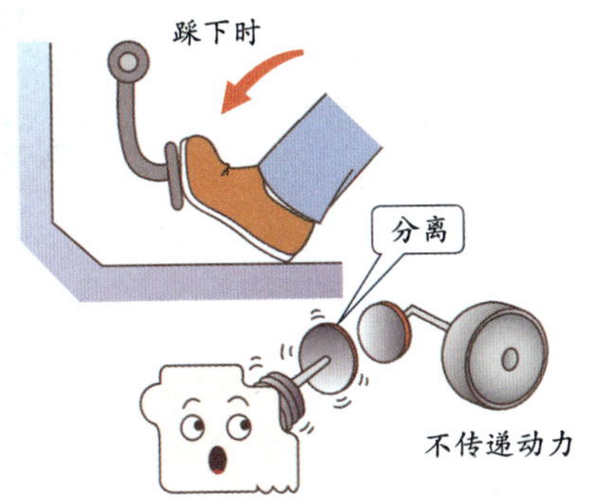

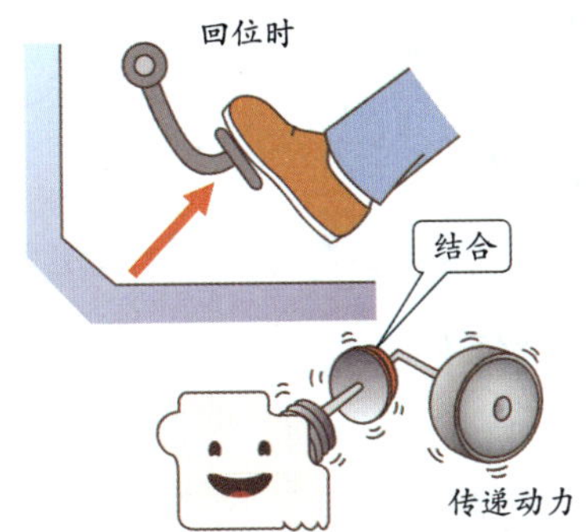

2 离合器的操作方法

●用左脚前掌踏在离合上；

●踏下离合时要快，抬起要慢。

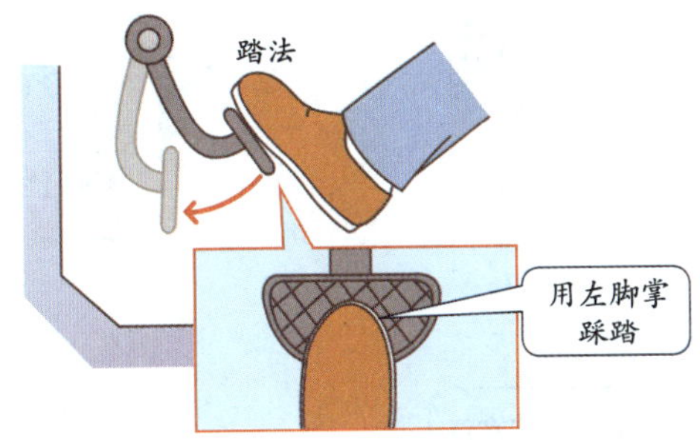

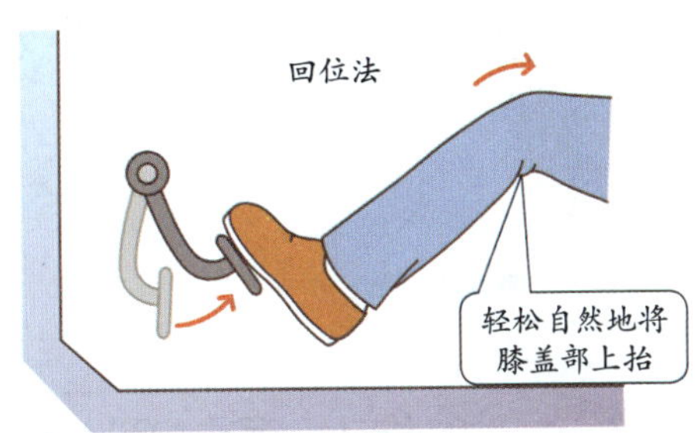

3 离合器半联动

半联动是汽车操控要领中重要的练习环节，是离合器不完全传递动力的状态，用于起步和车速控制。掌握好半联动，车辆才可以平稳起步。

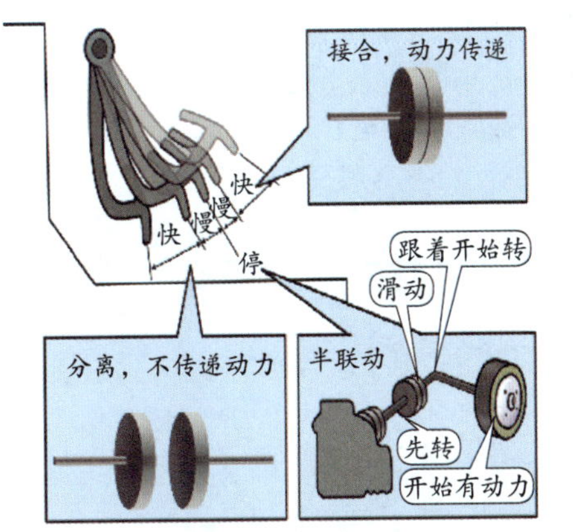

注意：离合器的半联动，需要频繁感知，才能达到应用自如。

二 刹车的控制

1 刹车的作用

刹车用于汽车减速、停车和紧急制动，是汽车操控要领中重要的练习环节。

2 刹车的操作方法

- 用右脚脚掌部位踩刹车；
- 非加油状态，右脚脚掌要始终放置在刹车位置；
- 须达到条件反射式的迅速踩踏。

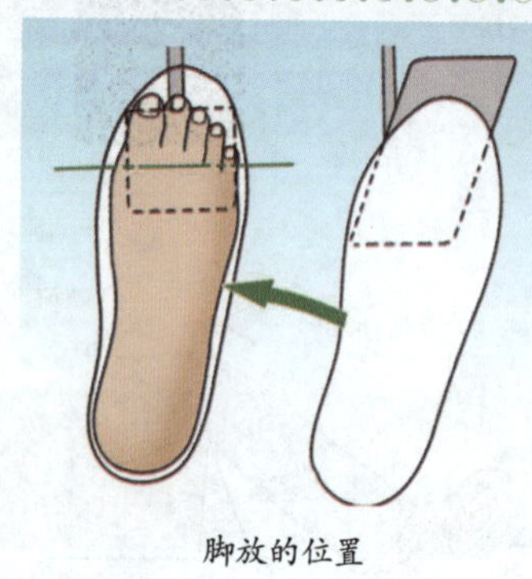

脚放的位置

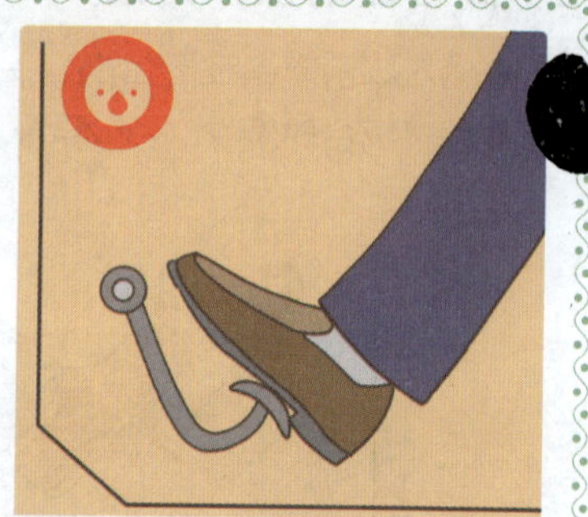

错误的踩踏方式

项目二 车辆位置与周边环境距离感知

训练目标：训练感知车体大小、前后左右距离判断的能力，能够确认视觉盲区。

一 感觉整体的大小

(1)通过频繁操控，感知车体的长度、宽度及轮迹；

(2)通过下车观察及各种项目练习时的视觉记忆，进一步感觉汽车整体的大小。

二 感觉车体前、后的距离

通过各种停车时下车观察，行成车体前后位姿记忆。

三 感觉车体左、右的大小

通过汽车不压线、弯道上左右侧车轮压线及下车确认，来感觉汽车左、右的位置，通过反复练习，可以增强记忆。

压左侧标线行驶

压右侧标线行驶

靠近路肩行驶

四　确认车内视线的盲区

驾驶者从驾驶座位上看不到的区域为车内视线盲区。盲区内的儿童、物体和路面，驾驶者是看不到的。

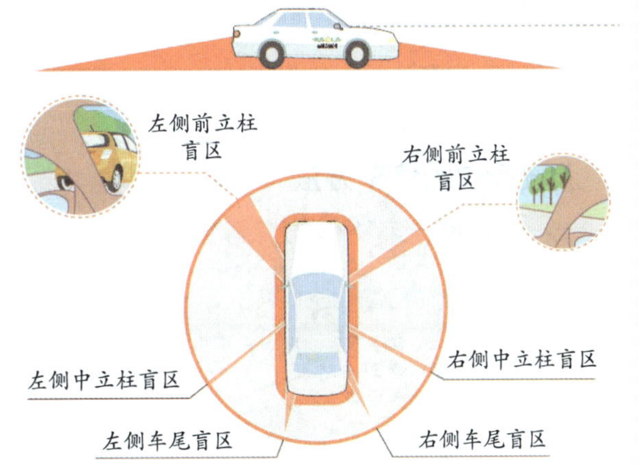

项目三　速度与方向的匹配操控

训练目标：适应弯道，选择合适的行驶位置和行驶速度。

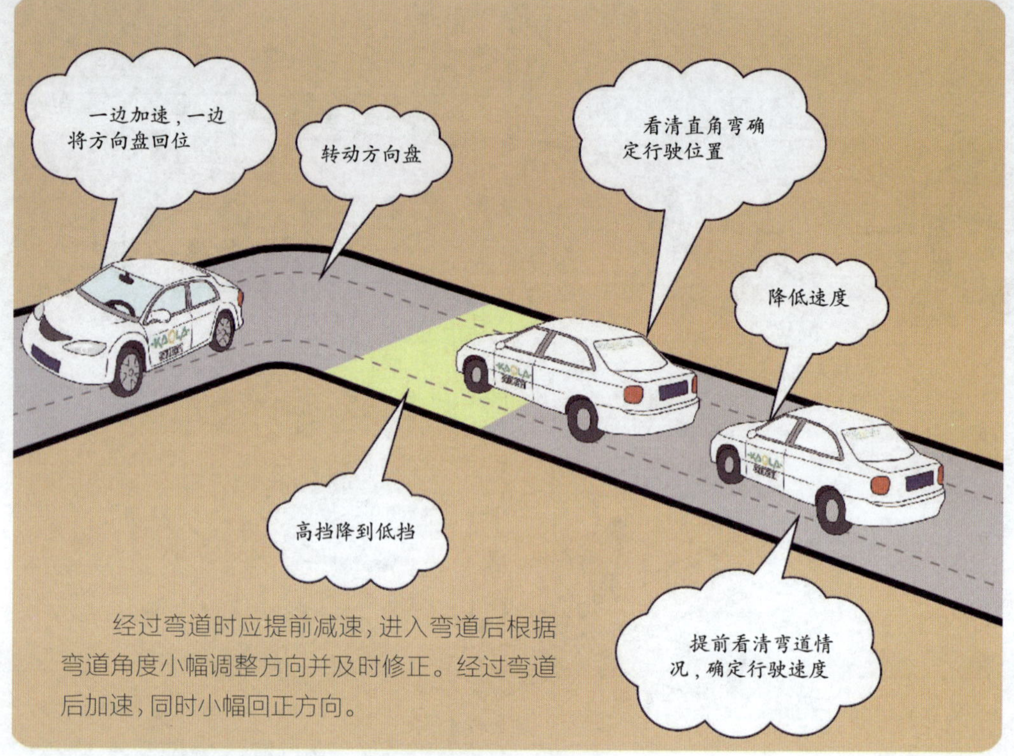

经过弯道时应提前减速，进入弯道后根据弯道角度小幅调整方向并及时修正。经过弯道后加速，同时小幅回正方向。

项目四 坡道定点停车及起步

训练目标： 掌握坡道行驶的特点，选择合适的速度和挡位，避免溜车。

一 坡道停车

1 上坡行驶的停车方法

上坡时，车速自然下降，需轻踩刹车。停车后用力踩刹车，防止溜车。上坡停车，方向盘向左转。

2 下坡的停车方法

下坡时，车速逐渐提高，需尽早踩刹车。下坡停车，方向盘向右转。

二 上坡起步

在坡道起步时，如操作不熟练会有溜车的危险。

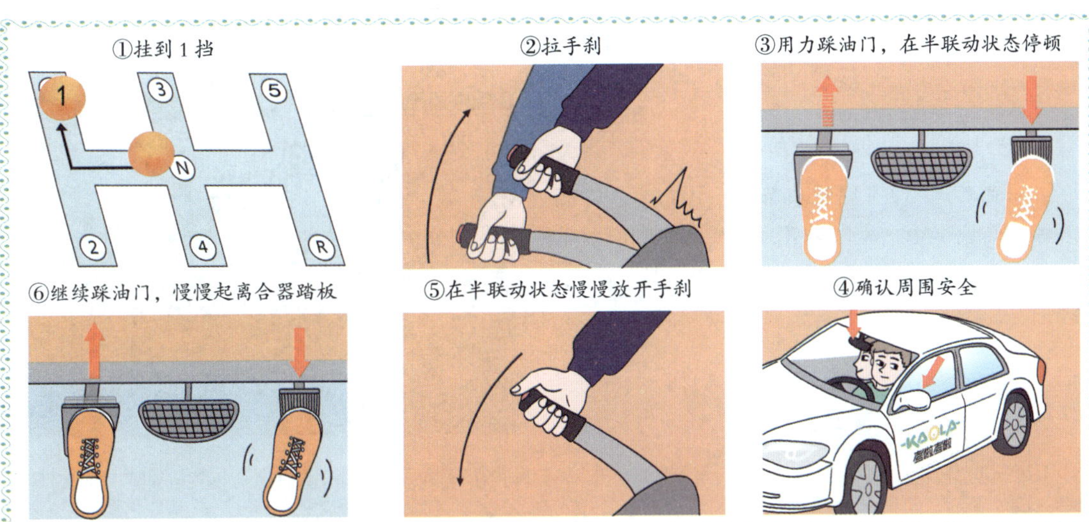

三 下坡起步

下坡起步时，选择合适挡位，松手刹，慢抬刹车，让汽车溜动，再缓抬离合。

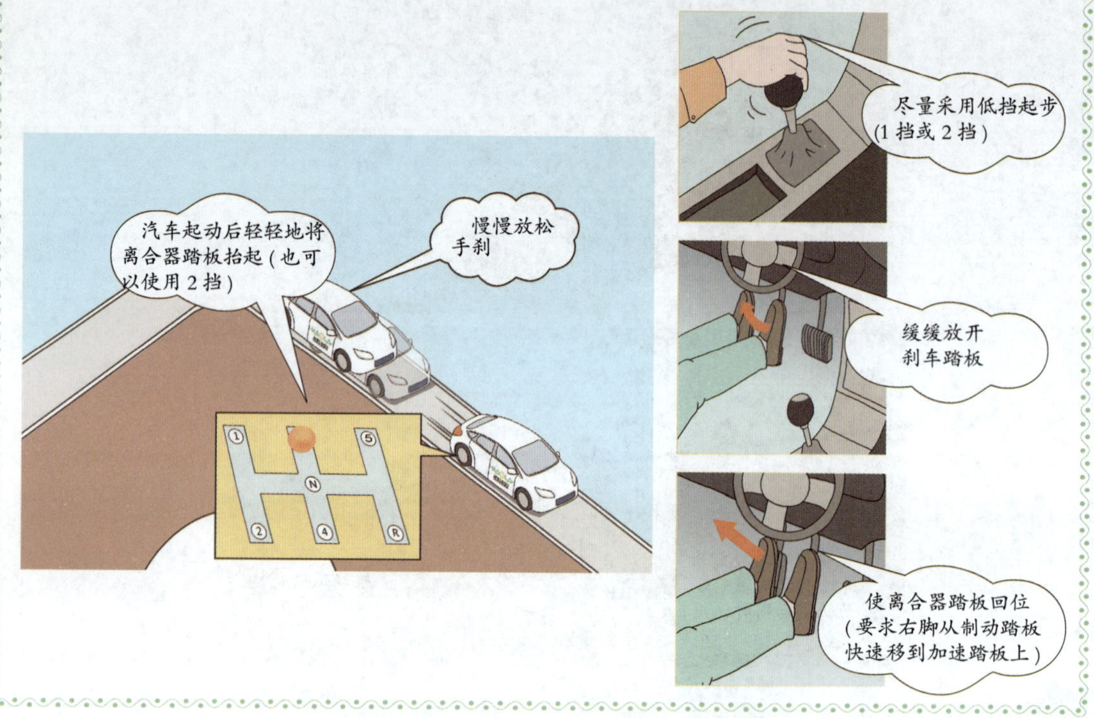

项目五 内、外轮差及转向时行进轨迹的控制

训练目标：了解车辆内、外轮差对车辆转弯半径产生的影响、掌握转弯时对行进轨迹的控制。

车辆转弯时，前后轮轨迹不一致。弯道内侧前后轮转弯半径之差叫内轮差；弯道外侧前后轮转弯半径之差叫外轮差。车身(车辆轴距)越长，内、外轮差越大。

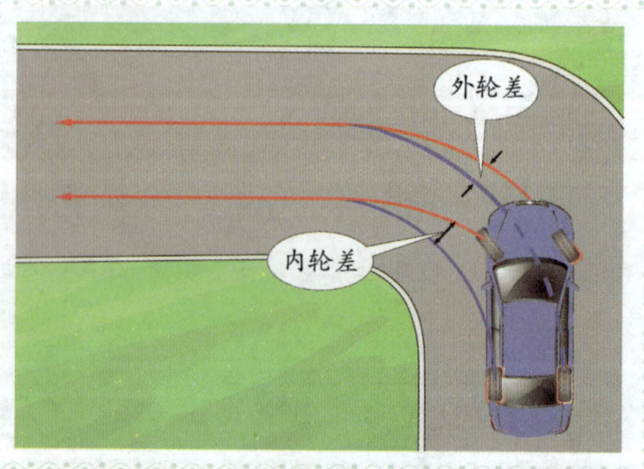

转向时，轮差会造成位置盲区。驾驶者应提前减速，将车辆适当靠向道路外侧边线行驶并及时修正方向。

(1)将视线从道路边线内侧向外侧移动，通过观察外侧边线变化判断道路情况；

(2)充分降低速度，选择行驶位置；

(3)及时将方向盘回位，不要错过时机。

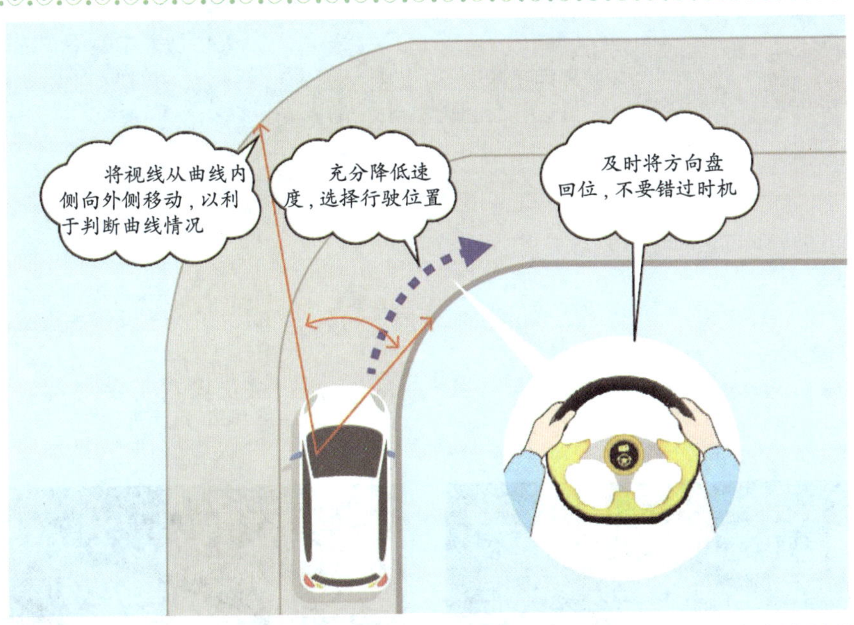

注意：靠近道路边线行驶时，越靠近边线就越看不清边线。在能够看清道路边线的地方应该尽量看，以便决定行驶位置。

项目六 后视镜的调整与观察

练习目标：学会调整和观察后视镜。

一 后视镜的调整

调整座椅至正确坐姿后，调整后视镜至完全看清后窗外情况即可。

调整座椅至正确坐姿后，调整左侧后视镜，天地各占1/2，车身占1/4。

调整座椅至正确坐姿后，调整右侧后视镜，天空占据1/4，车身占1/4。

小知识

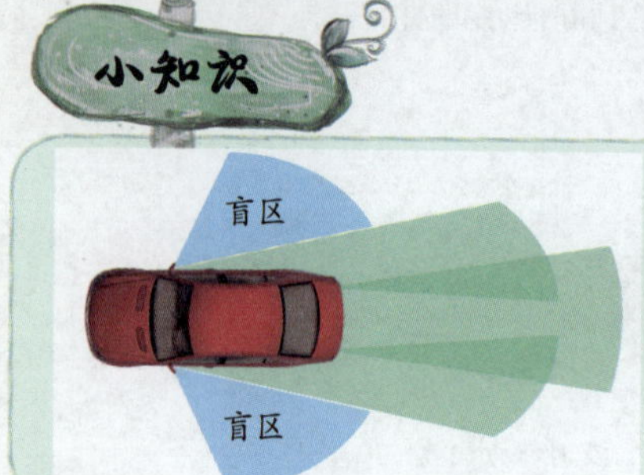

外后视镜盲区

驾驶者坐在驾驶座上，从外后视镜中看不到的地方是外后视镜的盲区，范围为从车后门开始向外侧展开约30度以外的区域。调整好外后视镜，能够减小盲区。

二 后视镜的观察

调整车辆内外后视镜到合适的位置。驾驶机动车宜每隔5~8秒用余光扫视一次后视镜，随时了解车辆周围道路交通状况。

当后车景象充满后视镜时，前后车距离为3~3.5米，此时并线十分危险。

当后车景象充满后视镜的2/3时，前后车的距离为5.5~6米。

当后车景象充满后视镜的1/2时，前车后的距离为7~8米，如果后车没有逐渐变大，且行车较慢时，可进行并线。

当后车景象充满后视镜的1/3时，前车后的距离为10.5~12米，基本属于安全距离，可以进行并线，但时在高速公路并线时，还要格外小心。

项目七　固定距离的加减挡

训练目标：注意观察发动机转速表和迈表，熟练掌握最佳换挡时机。

提示：固定距离加减挡项目需要勤加练习才能熟练掌握。

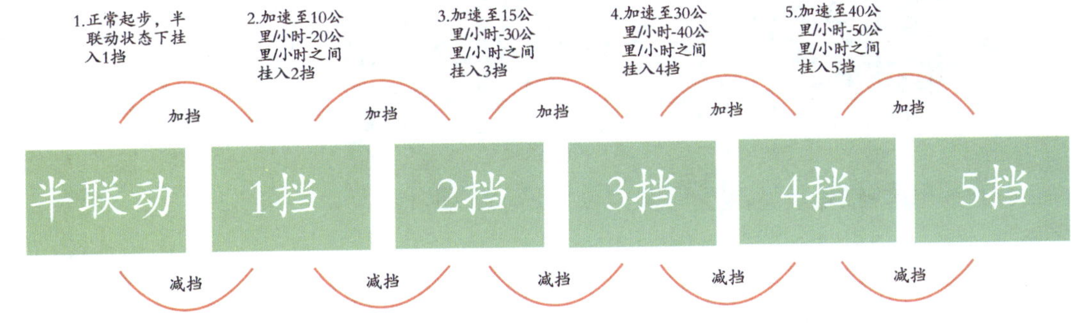

项目八　道路掉头、靠边停车、会车、超车

练习目标：掌握道路掉头、靠边停车、会车、超车等基本技能。

一　道路掉头

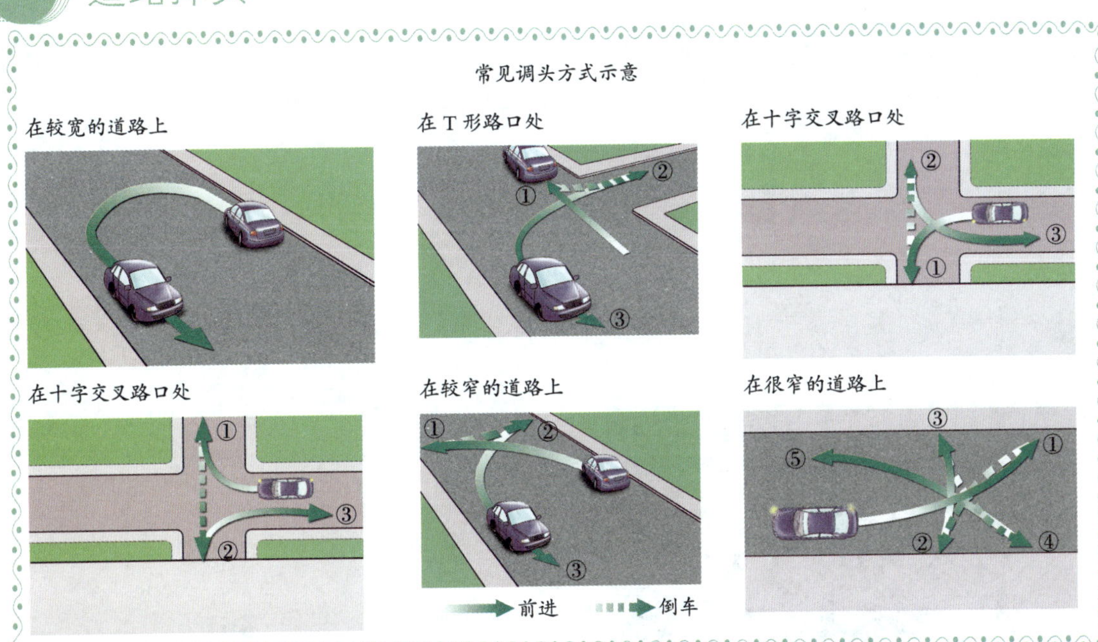

掉头时的注意事项：

观察是否有禁止掉头标志，确认安全后才可以掉头，坡道掉头时停车要拉紧手刹。

法规链接

(1)在有禁止掉头或者禁止左转弯标志、标线的地点禁止掉头;

(2)在铁道路口、人行横道、桥梁、急弯、陡坡、隧道或者容易发生危险的路段禁止掉头;

(3)没有禁止标示即可掉头,但不得妨碍正常行驶的其他车辆和行人通行。

险情分析

掉头过程中要时刻观察道路情况,尤其注意观察对向驶来的直行车辆,要让直行车辆先行。

二 靠边停车

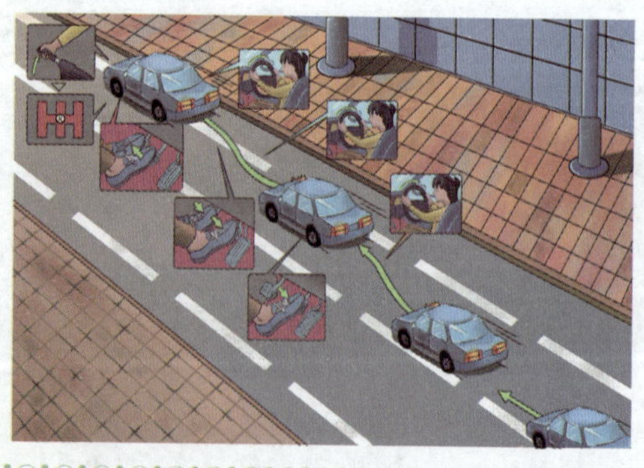

(1)打右转向灯,踩刹车减速;

(2)右转向,靠近路缘,车轮距离路缘不超过30厘米;

(3)踩刹车,踏离合,摘空挡,拉手刹;

(4)熄火。

提示：

(1)停车时，靠道路右侧依次停放，并注意保持车距；

(2)临时停放时，不得妨碍机动车和行人通行；

(3)夜间或遇恶劣天气在路边临时停车，要关闭远光灯，开启示廓灯和危险报警闪光灯；

(4)车辆停放时间较长时，选择停车场或准许长时间停放车辆的地点，在规定的位置内依次停放。

驾驶机动车停车，要在规定地点停放。需要在路边停车时，选择在停车泊位内停放。在道路上临时停车，不得妨碍其他车辆和行人通行。在没有施划停车泊位的道路上，路边停车要紧靠道路右侧，按顺行方向停放，车身距道路边缘不超过30厘米，机动车驾驶者不得离车，上下人员或者装卸物品后，立即驶离。遇机动车故障或交通事故停车时，车辆难以移动的，应当开启危险报警闪光灯。夜间须开启危险报警闪光灯、示廓灯和后位灯。

在设有禁停标志、标线的路段，在机动车道与非机动车道、人行道之间设有隔离设施的路段以及人行横道、施工地段，不得停车。

驾驶机动车在交叉路口、铁路道口、急弯路、宽度不足 4 米的窄路、桥梁、陡坡以及距上述地点 50 米以内的路段，不得停车。

驾驶机动车在距离公共汽车站、急救站、加油站、消防栓或者消防队(站)门前 30 米以内的路段不得停车。

机动车未停稳前不得打开车门和上下人员，开关车门时不得妨碍其他车辆和行人通行。

险情预防

超越路边停靠的车辆时防止其突然向左起步或打开车门，因为被车门碰倒的行人，很容易被后车碾压。

三 会车

（1）在没有中心隔离设施或者中心线的道路上会车时，减速靠右行驶，并保持安全间距，必要时停车让行；

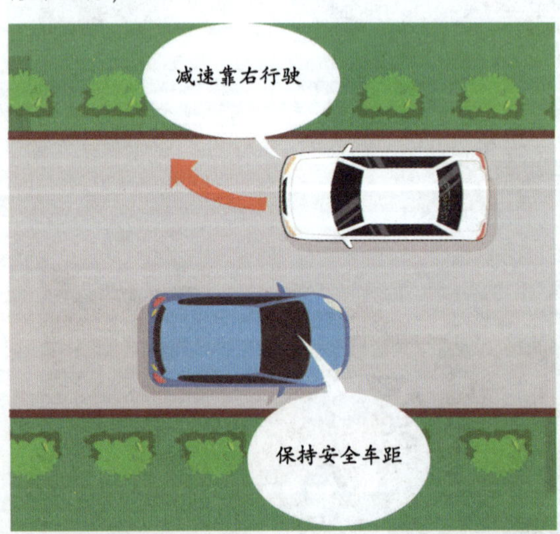

（2）在有中心线的道路上会车时，注意观察道路两侧情况，如遇对方车辆占道行驶时，立即靠右减速或停车让行；

（3）在有障碍物的地点会车，注意及时停车让行；

(4)会车时遇对向车辆加速超车时，要减速或停车让行，安全避让，不可争道抢行；

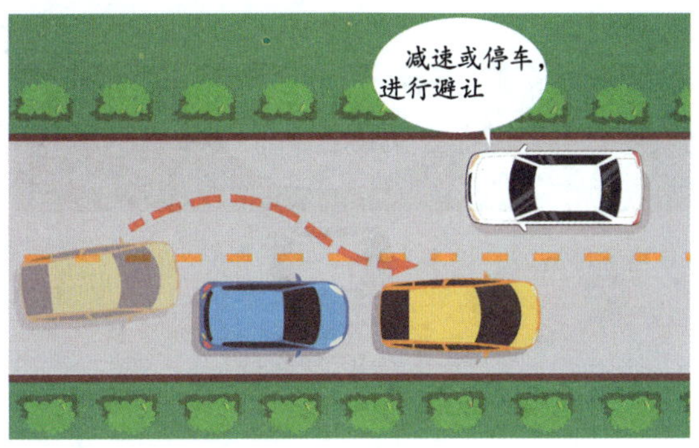

(5)在狭窄路面会车，保持两车安全间距，低速通过；交会后，注意从后视镜中观察确认无车辆超越时，再缓缓驶回正常行驶路线；会车有困难时，有让路条件的一方应主动让行；如果前方有较宽的路段，先到达道路宽阔处的车辆主动停车让行；

(6)在狭窄坡道上会车，下坡让上坡；如果下坡车已行至中途而上坡车还未上坡时，下坡车先行；在狭窄的山路上会车，不靠山体一方的车辆先行；

(7)雨天或在积水路面会车时，要及时开启雨刮器，随时准备刹车，保持合适的横向间距，以防对向来车溅起的水花妨碍视线。

车辆两侧反光镜是车身横向距离最宽的部分，在一些狭窄道路会车时，可根据反光镜作为参考，判断车辆两侧距离。

驾驶机动车在**没有中心隔离设施或者没有中心线的道路上，遇相对方向来车时，要减速靠右行驶，并与其他车辆、行人保持必要的安全距离。**

四 超车

超车时要保持与被超越车辆的安全距离，观察左侧交通情况，选择合理时机，开启左转向灯，从被超越车辆的左侧超越。超越后，在不影响被超越车辆正常行驶的情况下，逐渐驶回原车道。

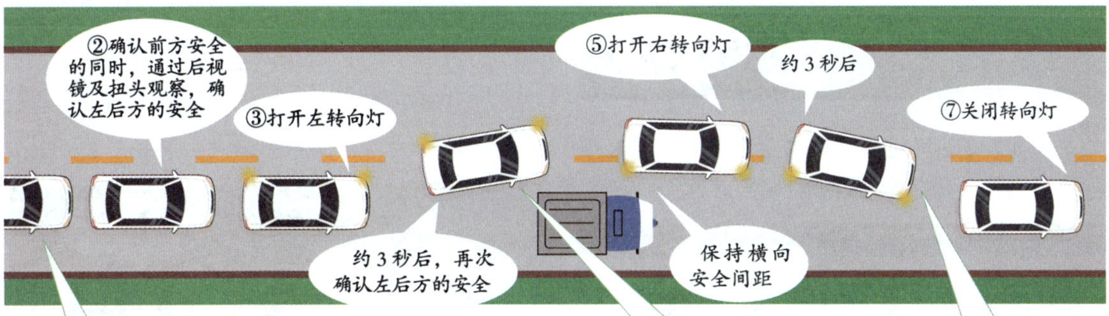

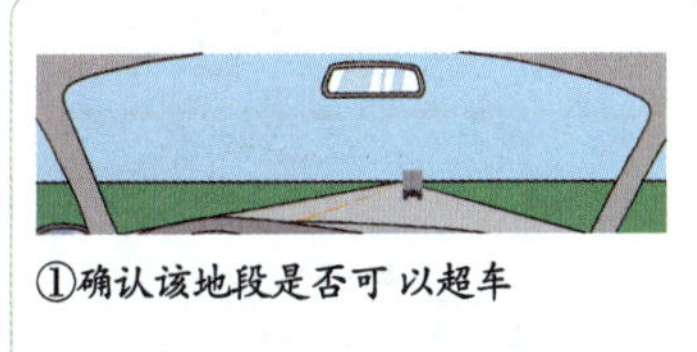

①确认该地段是否可以超车

④加速的同时，平稳转向左侧车道，且在通过时与前车左侧保持安全间距

⑥通过后视镜看到被超车辆后，再平稳地驶回原车道

(1)特殊情况下非机动车占道行驶时，要及时减速礼让；

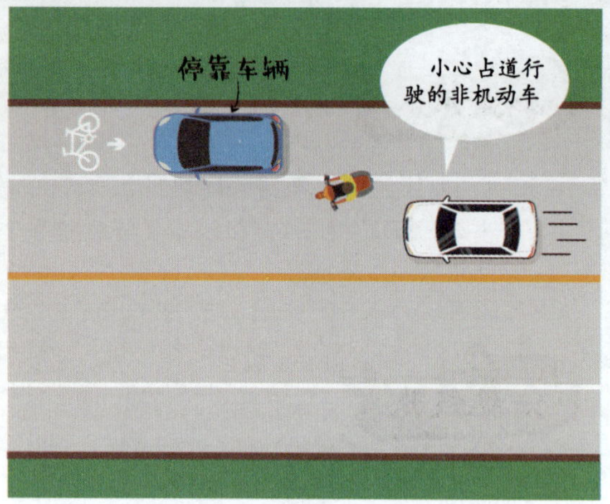

(2)超车时预留出横向安全距离，减速行驶，以防右侧停放的车辆突然起步或开启车门；

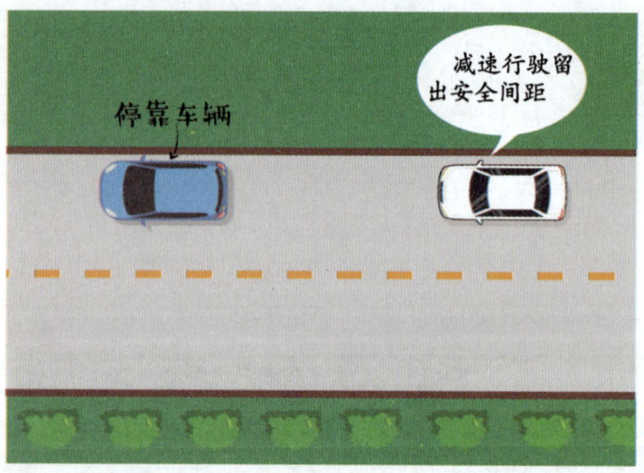

(3)如发现后车准备超车时，若条件允许，应减速靠右让行，不得故意不让或让路不让速；

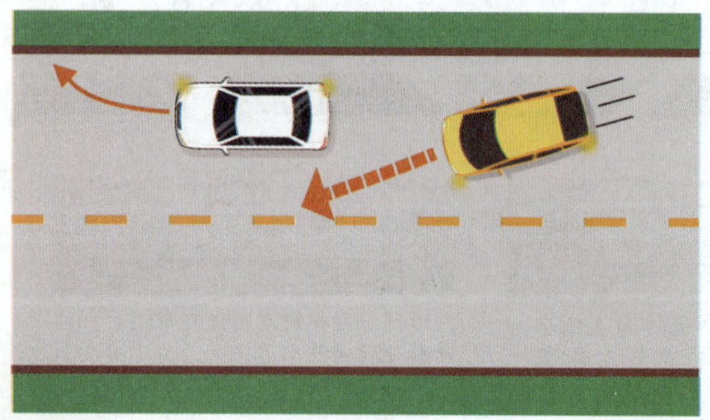

(4)遇后方车辆强行超车后，不给留出安全距离便向右变道时，要减速或靠右停车避让，千万不要开赌气车；

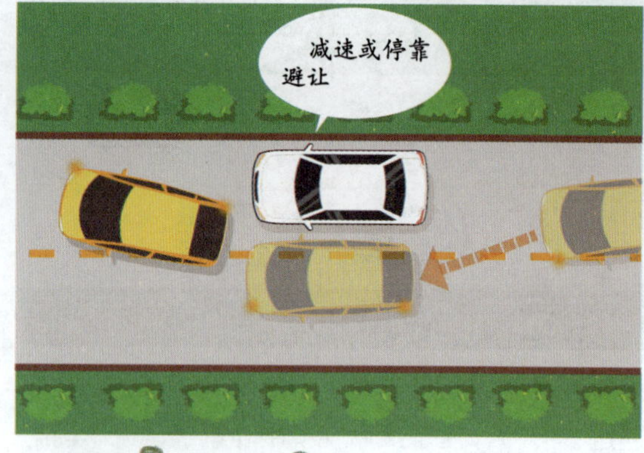

驾驶机动车超车时，提前开启左转向灯，变换使用远、近光灯或者鸣喇叭提示前车。在确认有充足的安全距离后，从前车的左侧超越，在与被超车辆拉开必要的安全距离后，开启右转向灯，驶回原车道。驾驶机动车不得在铁路道口、交叉路口、窄桥、弯道、陡坡、隧道、人行横道、市区交通流量大的路段等没有超车条件的路段超车。

遇到执行紧急任务的警车、消防车、救护车、工程救险车时，不得超车。

(5)慢车道超车可先借用快速车道行驶，但不能超越正在左转、掉头、超车的前车。

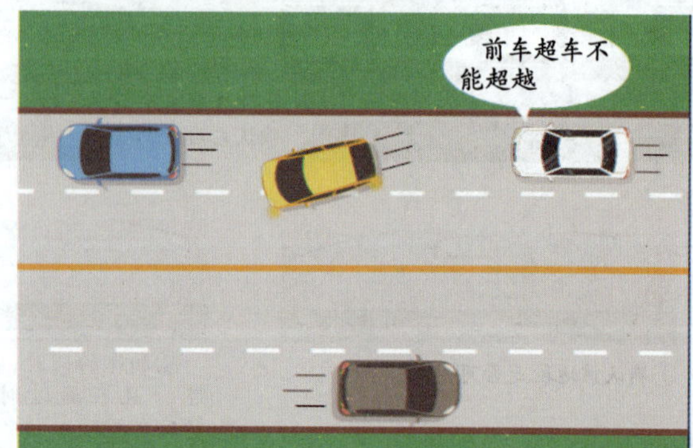

项目九 灯光与喇叭语言使用

练习目标： 掌握简单的灯光和喇叭语言，并在实际驾驶中应用。

一 喇叭语言

●一声短声“嘀”表示“招呼”或“谢谢”；

●两声短声“滴滴”表示“注意”；

●一声长“嘀”表示危险“警示”。

二 灯光语言

●前照灯闪烁一次表示“提醒”或“同意、明白”；

●前照灯闪烁两次表示“警示”；

●在日常行车过程中，大灯连续闪烁表示“强烈警示”。

项目十 场地驾驶应试演练

倒入车库

一 倒车入库

驾驶车辆分别从两侧倒入车库，培养倒入垂直式停车位和停车入库的操控能力。

操作要求：

从道路一端控制线(两个前轮触地点在控制线以外)，倒入车库停车，再前进出库向另一端控制线行驶，待两个前轮触地点均驶过控制线后，倒入车库停车，前进驶出车库，回到起始点。

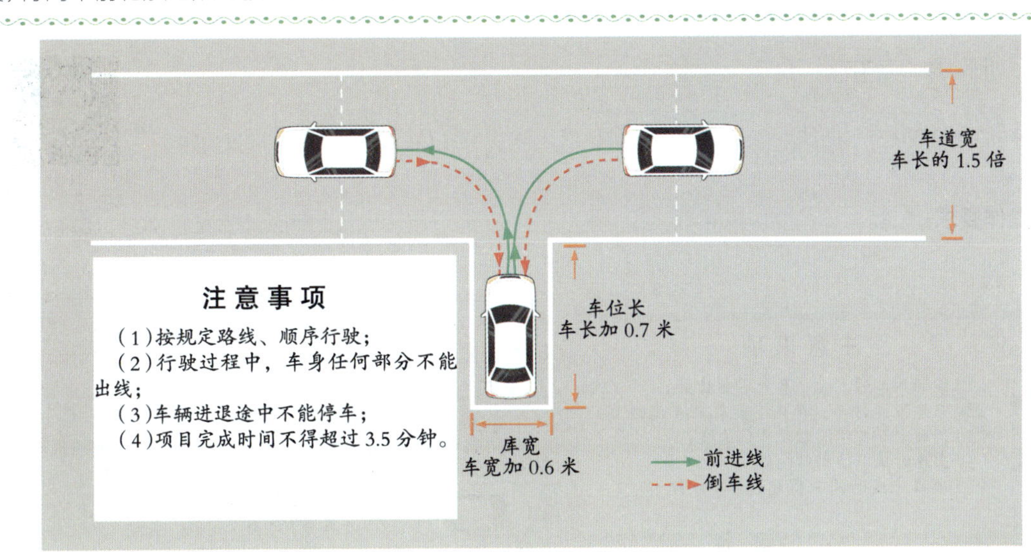

二 坡道定点停车和起步

坡道定点停车与起步

驾驶车辆在坡道上平稳停车、平顺起步，培养正确使用刹车、离合和挡位控制车辆的能力。

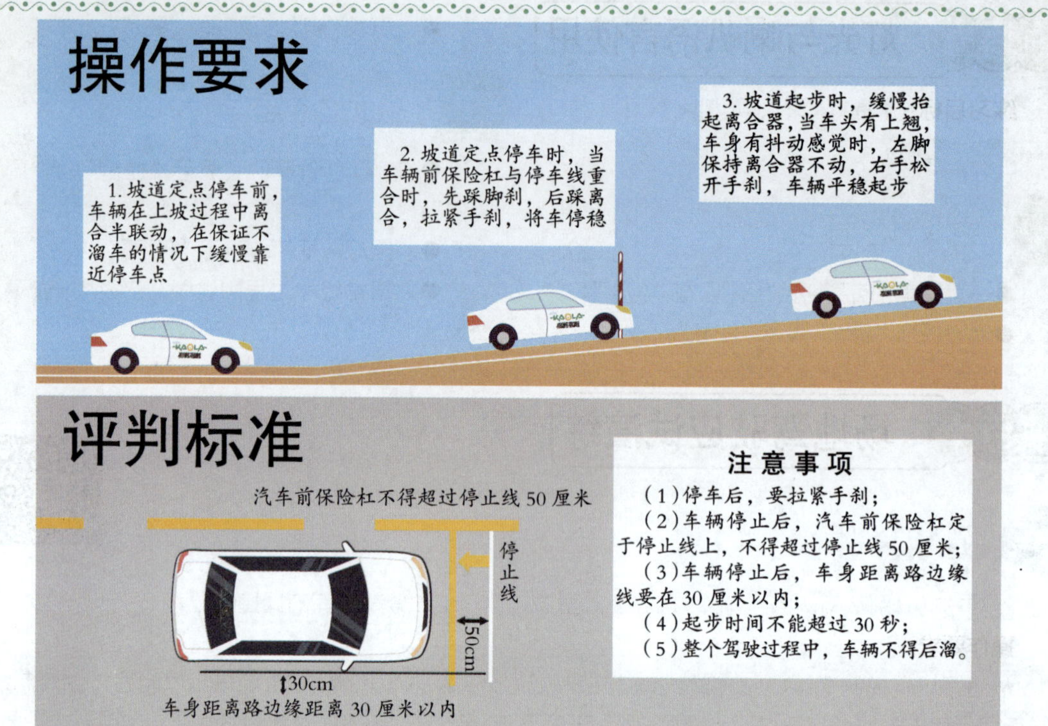

三 侧方停车

驾驶车辆正确停入道路右侧车位(库)，培养倒入平行式停车位、依次在路边停车时操控车辆的能力。

操作要求：车辆在库前方一次倒车入库，再前进向左前方出库，出库前应开启左转向灯，出库后关闭转向灯。

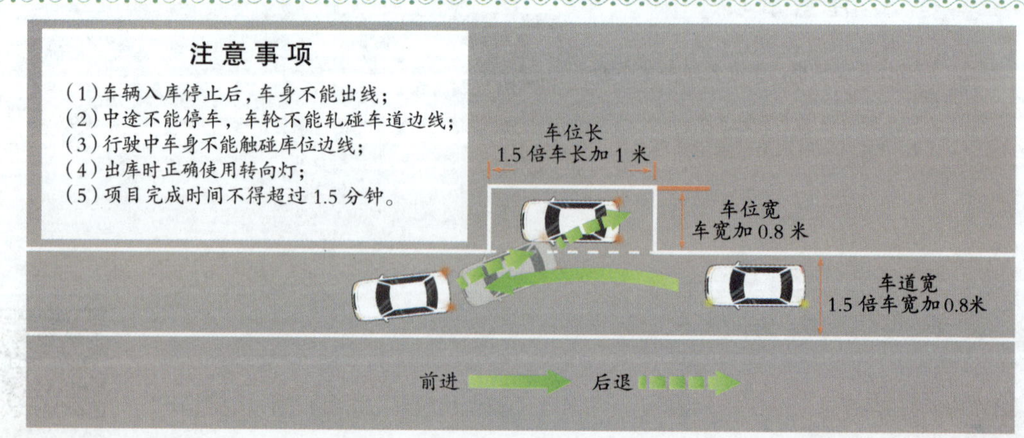

四 曲线行驶

车辆一次通过两个弯道，培养控制车辆通过弯道的能力。

操作要求：驾驶车辆以二挡(含)以上挡位从弯道的一端前进驶入，从另一端驶出。

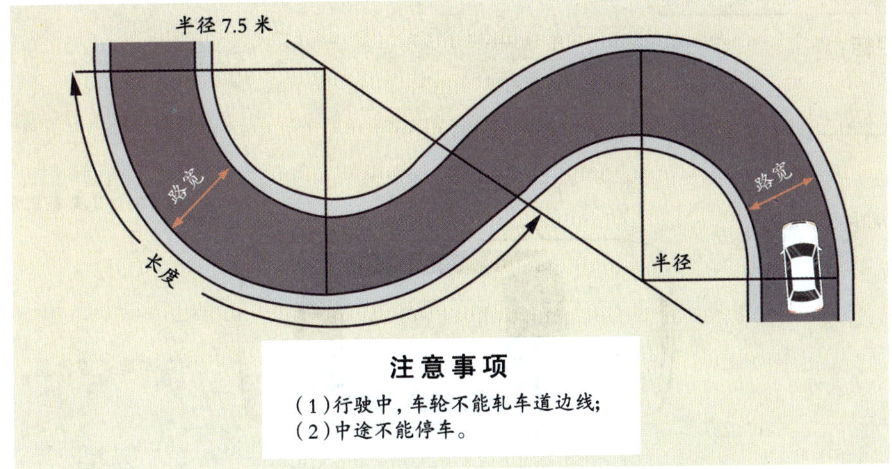

五 直角转弯

车辆从直角弯路一侧驶入，实现转弯后驶出。培养驾驶车辆通过直角弯路时，准确判断内外轮差的能力。

操作要求：驾驶车辆按规定的线路行驶，由左向右或由右向左一次通过直角转弯。转弯前，应开启转向灯，完成转弯后，关闭转向灯。

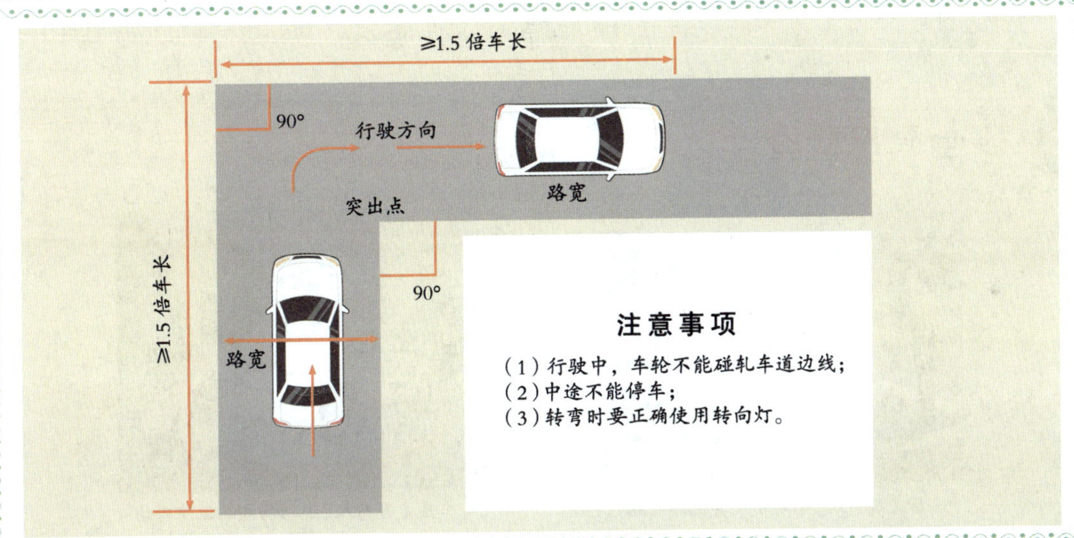

第三节 实际驾驶演练

项目一 安全检视

练习目标：掌握出车前的安全检视，主要内容为：车辆外观检查、安全隐患检查。

一 车辆外观检查

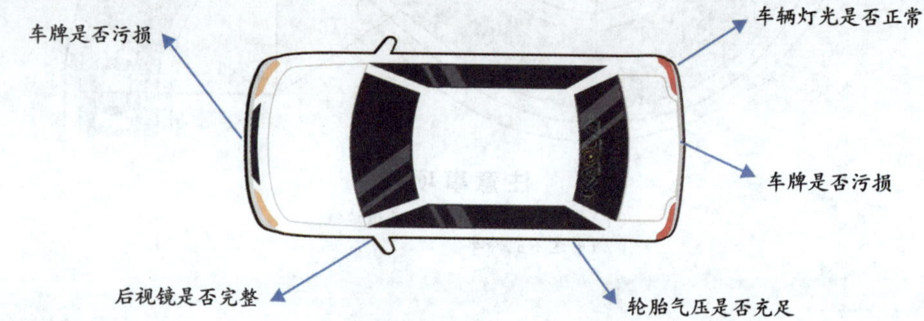

驾驶机动车上道路行驶，应当悬挂机动车号牌，放置检验合格标志、保险标志，并随车携带机动车行驶证。机动车号牌应当按照规定悬挂并保持清晰、完整，不得故意遮挡、污损。

上道路行驶的机动车未悬挂机动车号牌的，或者故意遮挡、污损、不按规定安装机动车号牌的一次记12分。

二 安全隐患检查

车后是否有人、小动物及其他障碍物

车底是否有人、小动物或其他障碍物

车后和车底极易藏匿儿童、小动物等，因位置比较低矮很难被发现，容易导致事故的发生。正确的环车检视可有效预防此类事故的发生。

项目二 车内位姿适配度检查

练习目标：掌握正确的驾驶姿势，能够进行座椅和安全带调整。

正确的驾驶姿势

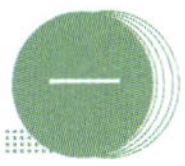

一 驾驶姿势

正确的驾驶位姿，既可以保证视野开阔，又能方便操作，还能减轻驾驶疲劳。

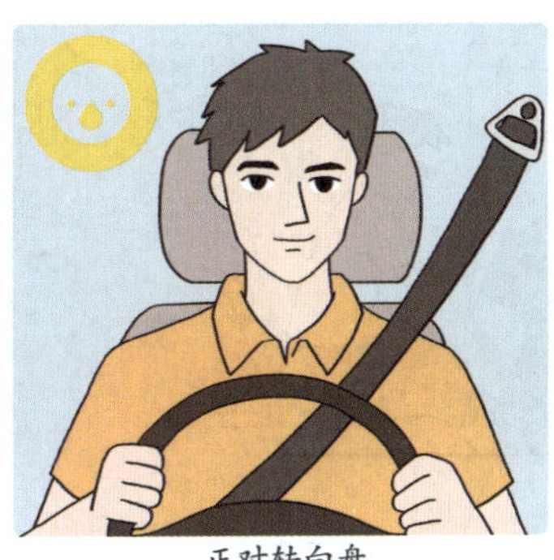
正对转向盘

离方向盘过近

离方向盘过远

二 座椅和头枕的检查与调整

1 检查标准

调整座椅和头枕高度，应满足如下标准：

- 左脚能够自如控制离合；
- 右脚能够自如控制油门和刹车；
- 头枕顶部与头齐平。

2 调整方法

座椅和头枕调整方法如下图：

注意：行车过程中请勿调节座椅。

三 安全带的检查与使用

1 检查标准

安全带应满足如下标准：

- 安全带应完好齐备；
- 锁口和插座无损坏；
- 缓慢向下拉动时，应自如拉出；
- 迅速抽拉时应自动锁紧。

2 使用方法

安全带的使用方法如下图：

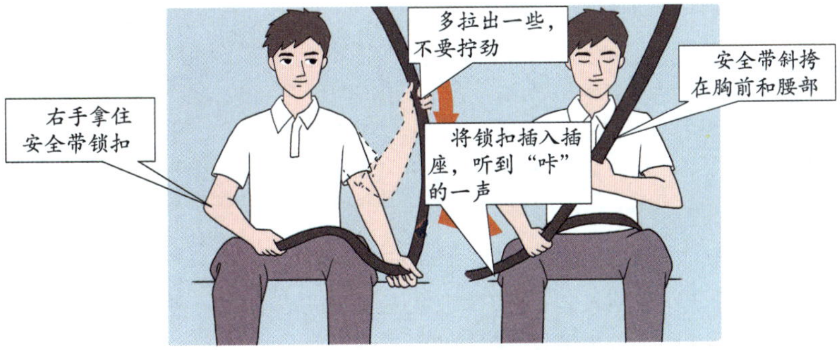

多拉出一些，不要拧劲

右手拿住安全带锁扣

安全带斜挎在胸前和腰部

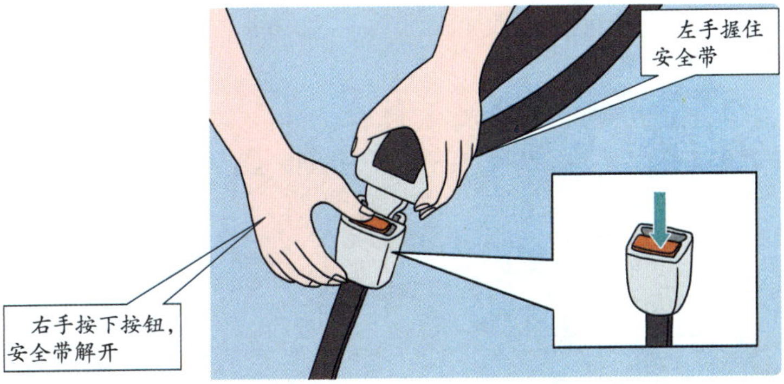

将锁扣插入插座，听到“咔”的一声

左手握住安全带

右手按下按钮，安全带解开

机动车行驶时，**驾驶者、乘坐人员应当按规定使用安全带**。

驾驶机动车在**高速公路**或者**城市快速路上**行驶时，**驾驶者未按规定系安全带的，扣2分**。

项目三 安全起步应用操作

训练目标：掌握安全起步的操作方法。

●查看各车门是否关牢；

●驾驶者和乘车人都应系好安全带；

●通过内外后视镜观察周围交通情况；

●打开左转向灯，再次观察两侧，必要时可将头伸出窗外，确认是否安全；

●雨雪天、夜间起步时，要开启近光灯；雾天起步时，既要开启近光灯，也要开启前后雾灯。

项目四 增速增挡、减速减挡场景匹配应用

训练目标：掌握不同场景下增速增挡、减速减挡的方法。

一 驾驶姿势

1 坡道加挡

1）上坡加挡

- 起步后，若感到动力有余，可视情况逐级加挡行驶；
- 加挡前的加速时间要比平路长，保证车辆加挡后有足够的动力行驶；
- 尽量选择相对平缓路段进行加速换挡；
- 加挡时的动作要准确、迅速，换挡后要立即加油；
- 重车加挡时，要掌握好加挡时机，保证足够的动力。

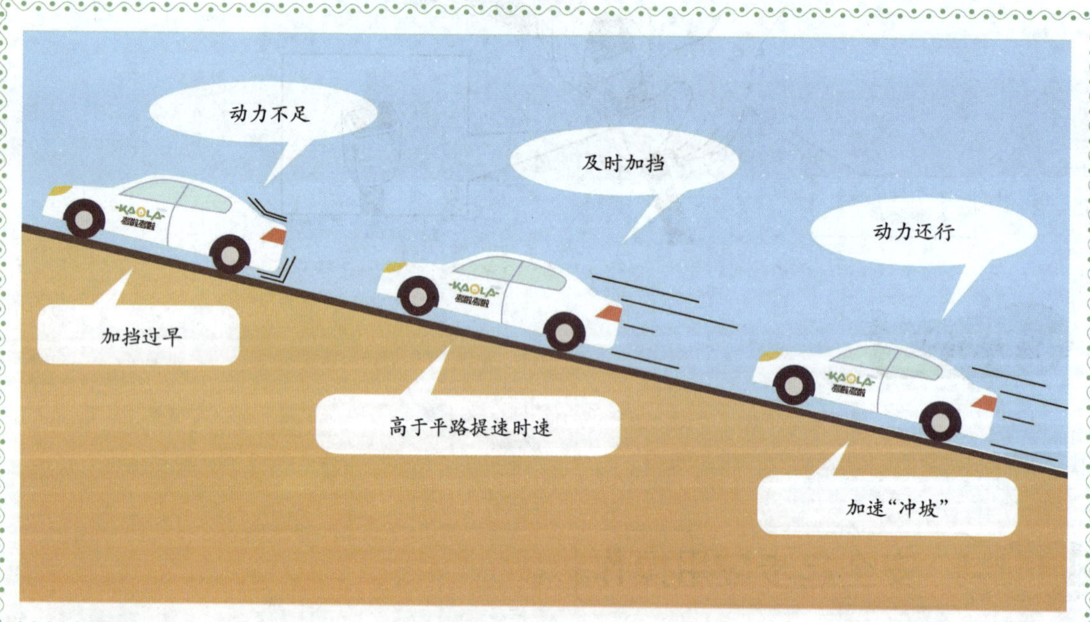

2）下坡加挡

- 加挡前的加速时间要短，动作迅速、准确，空挡一带而过，不要停留，必要时可适当降速；
- 陡坡路下坡加挡时，加挡前可不加速；
- 重车下坡需加挡时，可先降速再加挡。

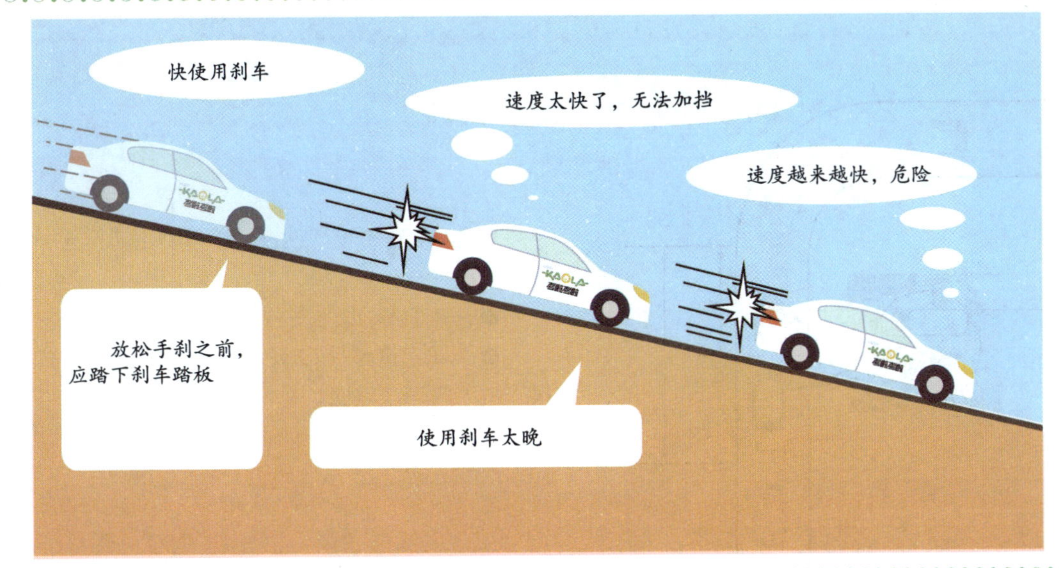

2 转弯后加挡

●转弯前或转弯中减挡时，应保持足够动力，以便弯后能顺利进行加挡；

●如果转弯后道路条件允许，应及时加速、加挡；

●加挡后应保持足够动力。

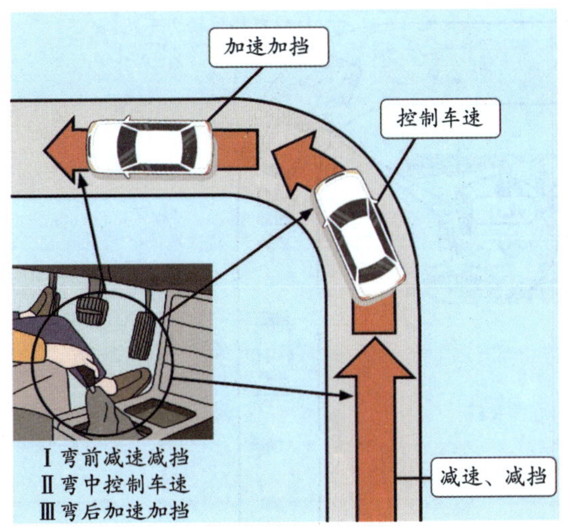

二 减速减挡的场景应用

1 转弯减挡

转弯时，一般都需要降速减挡；转弯减挡包括转弯前和转弯中减挡。

1）转弯前减挡

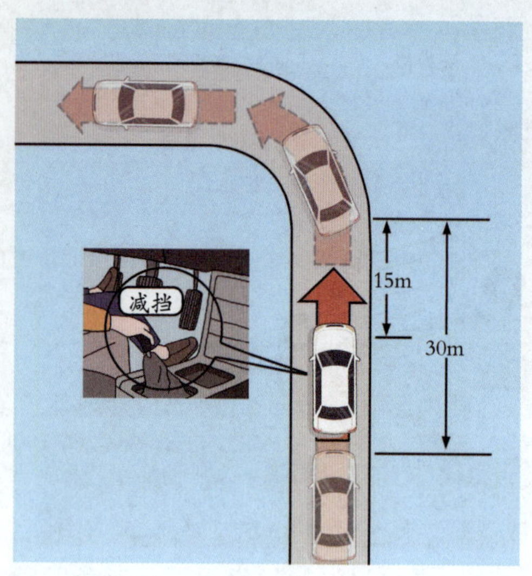

●转弯前，由于车速逐渐降低，应减入低一级挡位；

●在转弯前30m左右，应刹车减速减挡；

●距离弯道或路口15m左右时，应完成减挡操作进入弯道或路口。

2）转弯中减挡

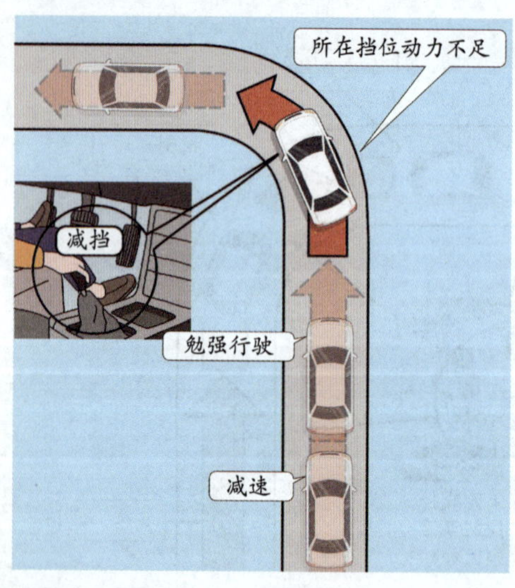

●用于道路宽阔、交通情况良好、视线清晰的弯道路口；

●车辆进入弯道后，感到动力不足，应迅速减入低一级挡位；

●减一级挡位无法保证车辆正常行驶时，可越级减挡；

●转弯中减挡，难度较大，应把握时机，注意速度和挡位的适配。

2 坡道减挡

1）上坡减挡

●车辆上坡感到动力不足时，应逐级减挡；

●上坡减挡要有一定的提前量，坡度越大，提前量应越大；

●减挡过早，动力不能充分利用；过晚，会造成动力不足、熄火或溜车；

●上坡减挡动作要迅速、准确，减挡后要在半联动的同时加油；

●重车遇特别陡的坡道，可根据车速进行越级减挡。

2)下坡减挡

●下坡途中，遇复杂路况，一般先刹车减速后再减挡；

●遇刹车失效或不宜使用刹车时，应采用“抢挡”法，即高挡迅速换入低一级挡位，利用发动机强制降速。

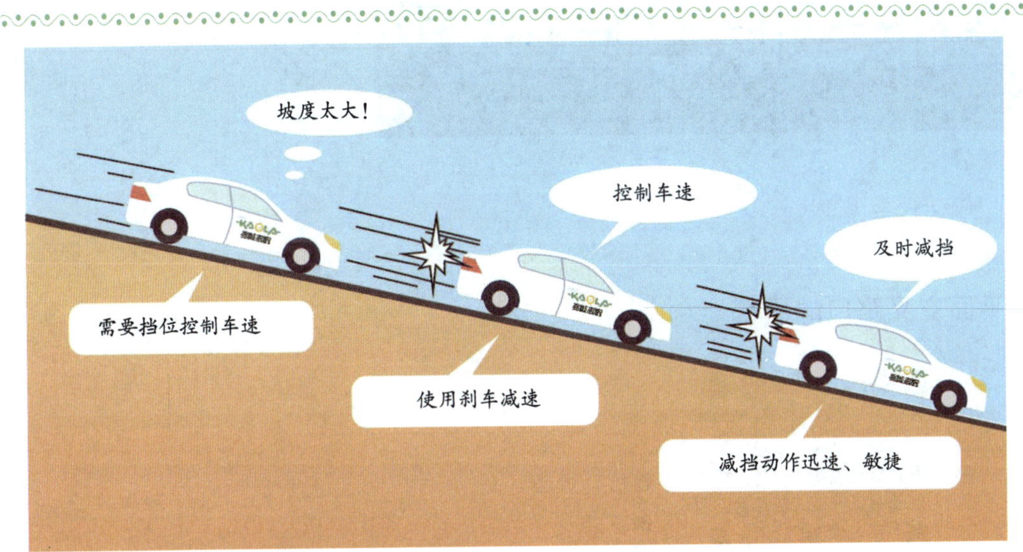

项目五 特殊场景下的驾驶

训练目标：掌握特殊场景下的安全驾驶。

本项目所介绍的特殊场景主要包括：公交车站、路口、学校区域、人行横道。

一 公交车站的安全驾驶

●公共汽车站附近，车辆人员相对集中，交通混乱，行至汽车站时，应降低车速，谨慎驾驶，注意观察周围情况；

●超越停驶的公共汽车时，应减速并与之保持较大间距，以防车前窜出行人，而措手不及。

行至公交车站时，如遇有停靠的公交车，要预防有乘客从车前或车后突然窜出。

行人为了赶上公交车，提前跑入机动车道，容易导致后车躲闪不及。

二 路口通行

1 平面交叉路口的通行

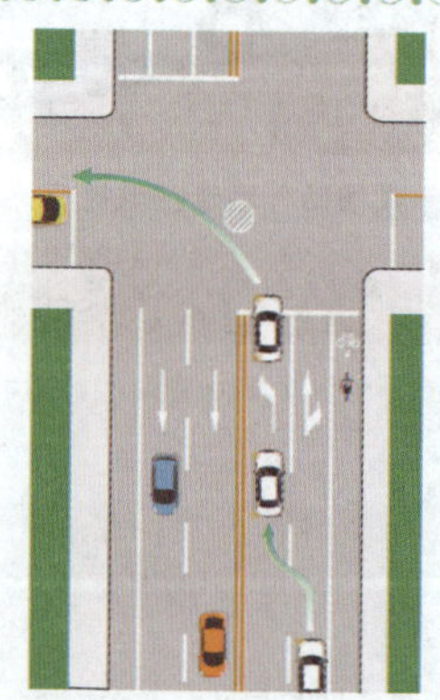

●提前观察好交通标志，确定行驶方向；
●在距交叉路口100～30m时减速慢行；
●需要转弯的车辆打开转向灯；
●在划有导向车道的路口，须按导向行驶。

2 立体交叉路口的通行

●接近立交桥适当减速；

●直行车辆应主动为转弯车让出右边车道；

●上立交坡道时，与前车保持30m以上安全距离，下立交坡道时，与前车保持50m以上距离；

●立体交叉路口上不准停车，如遇故障停车，应尽快设法驶离；

●必须按照交通标志、标线的指示方向行驶，严禁逆行。

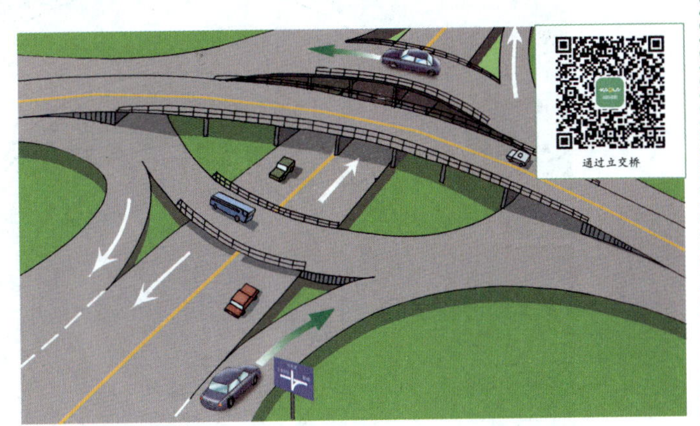

3 环岛的通行

距环岛路口50～100m处应减速慢行。

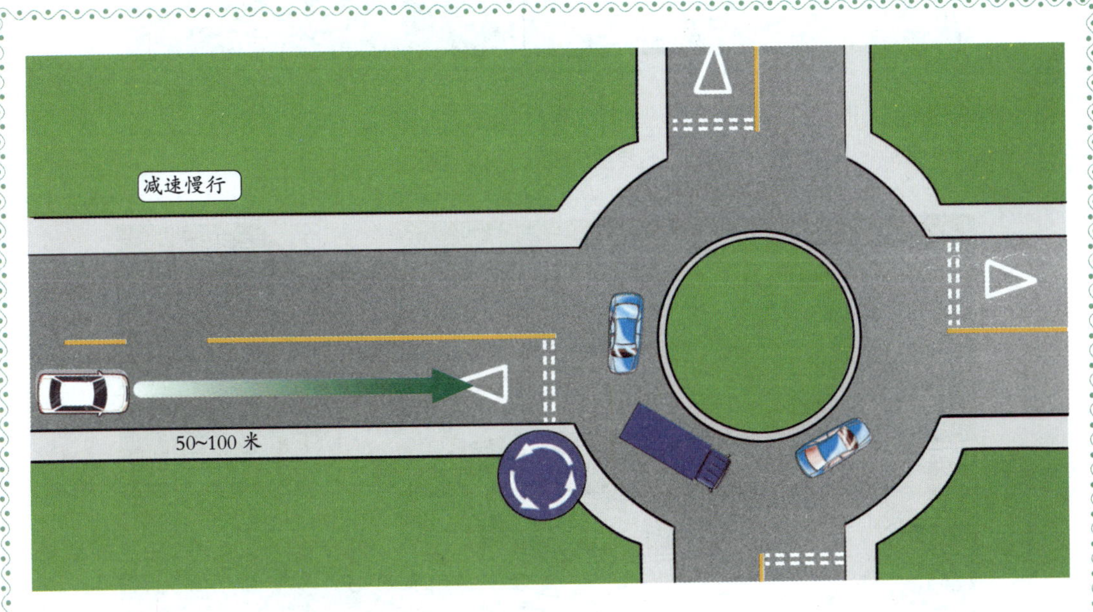

注意观察左侧已在环岛内行驶车辆的动态，根据情况减速慢行，选择切入时机，必要时停车让行。进入环岛后，按逆时针方向绕行，同时将注意力转到右侧准备驶入环道的车辆。

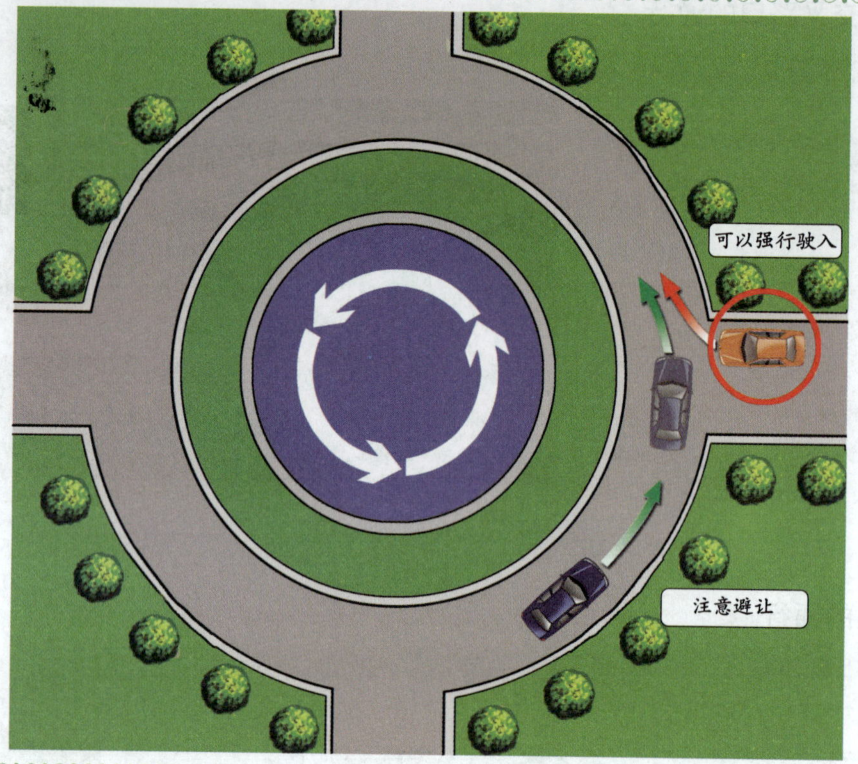

驶出环岛路口时，提前打开右转向灯，注意观察右侧路况，以确保安全。

有两条或两条以上车道的环岛路口，不要从内侧车道直接驶出。

4 铁路道口的通行

1）通过无人看管的铁路道口

●提前减速进行瞭望，确认无火车驶来时，低速通过；

●车辆行驶中无法判断有无火车时，可将车停在停车线或距外股铁轨5m以外进行左右观望，确认安全后低速通过；

●道口两侧有障碍物阻挡视线或夜间行车以及雨雾视线不清时，应仔细观察，必要时下车观察；

●严禁冒险通过，更不能与火车争道抢行，做到“宁停3分，不抢1秒”。

2）通过有人看守（或信号灯控制）的铁路道口

●通过铁路道口遇有道口栏杆关闭、音响器发出报警、红灯亮时或看守人员示意停车时，应依次停在停车线以外等待放行；

●遇有道口两个信号灯交替闪烁或红灯亮时，不准通过；

●通过道口时，要听从铁路道口管理人员的管理和指挥。

法规链接

机动车通过铁路道口时，应当按照交通信号或者管理人员的指挥通行；没有交通信号或者管理人员的，应当减速或者停车，在确认安全后通过。

通过铁路道口时最高速度不得超过每小时30公里。

机动车通过交叉路口，应当按照交通信号灯、交通标志、交通标线或者交通警察的指挥通过；通过没有交通信号灯、交通标志、交通标线或者交通警察指挥的交叉路口时，应当减速慢行，并让行人和优先通行的车辆先行。

三 通过学校门口的安全驾驶

行经学校门口，应提前减速，注意观察路况，遇有学生列队横过街道，必要时应主动礼让，确保安全。

险情分析

行驶至学校门口，遇接送学生的车辆，要预防有学生突然窜出。

儿童缺乏交通安全意识，经常会在校门口马路中央玩耍，需要驾驶者行经此路段时，减速慢行，注意避让。

学校附近道路，经常有家长在马路对面呼喊孩子，这时驾驶者要预防孩子听到呼喊后，突然横穿马路。

四 人行横道的安全驾驶

- 驾车行经人行横道时，应减速观察礼让行人；
- 车辆行经人行横道前，必须提前降速，并注意交通信号；
- 人行横道绿灯亮时，必须停在停车线外，让行人优先通行；
- 通过无信号灯控制的人行横道时，应在确保行人安全的前提下通行。

行经至有信号灯控制的人行横道前，不能大意，要预防有行人会闯红灯。

机动车行经人行横道时，应当减速行驶；遇行人正在通过人行横道，应当停车让行。
机动车行经没有交通信号的道路时，遇行人横过道路，应当避让。

项目六 超车、跟车、会车、变道安全距离的匹配应用

训练目标： 掌握超车、跟车、会车、变道安全距离的操控方法。

一 超车、会车的安全距离

超车、会车时应与靠近的车辆保持足够的安全间距。安全距离与行驶速度有关，车速越高，安全间距也相应要大。

据实际测算，行车速度在40~60公里/小时，车辆侧向最小安全间距应为1~1.4米。

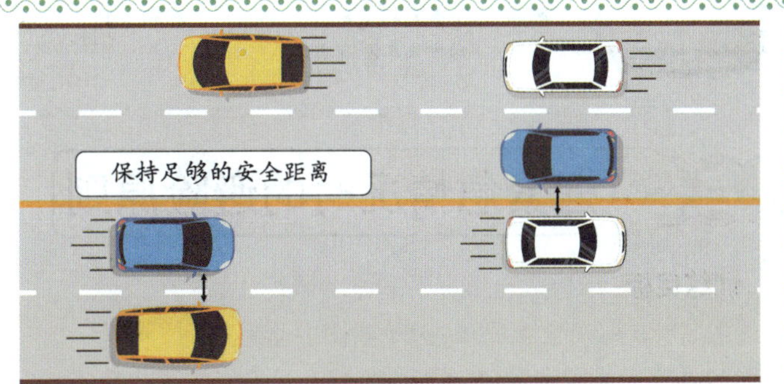

二 跟车的安全距离

跟车行驶，要随时观察前方两到三辆车的动态，控制好安全距离。

在干燥路面上，车速在每小时30 ~ 60公里时，安全距离应大于车速表读数-15；当车速超过每小时60公里时，安全距离约等于车速表的读数。雨天时安全距离是干燥路面上的1.5倍。冰雪天时安全距离是干燥路面上的3倍。

建议安全跟车距离

速度（公里/小时）	安全距离（米）	速度（公里/小时）	安全距离（米）
慢行	5以上	60	45以上
30	15以上	70	70以上
40	25以上	100（高速公路）	100以上
50	35以上		

三 变更车道的安全距离

变更车道超车时与后车的距离可以通过对外后视镜的观察来进行判断。

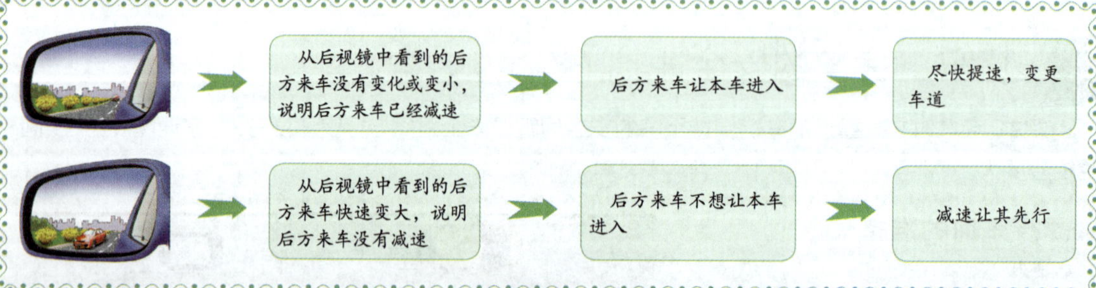

项目七 遇紧急情况时的避险原则

训练目标：掌握紧急情况下的避险原则。

道路上遇有紧急情况时，应掌握如下避险原则。

（1）遇紧急情况避险时，要沉着冷静，坚持“先避人后避物”的处理原则。

(2)在车速较高时遇紧急情况，要坚持“先刹车减速、后转向避让”的原则，不要急转向，否则极易造成车辆侧滑或倾翻。

项目八 灯光与喇叭语言的实际应用

训练目标：掌握灯光与喇叭语言在实际驾驶中的应用方法。

一 喇叭语言的实际应用

(1)当两车对面行驶相遇时，一声短促的“嘀”是一种招呼语言。这种“嘀”声轻、短促，不会引起他人的反感；一般用于两车驾驶者互相打招呼，或者驾驶者与行人打招呼，也可表达会车时对方给自己让道的谢意；

(2)为了提醒前方的车辆、行人等注意，并请让路。此时，“滴滴”就是“注意”；也可表达一种谢意；

(3)当遇到必须强行超车或者有危险障碍物时，需要用到一声长“嘀”来警示危险，表示“快让道”“注意啦”，下坡车也有可能用到长鸣表示“请让一让，我刹不住！”。长鸣喇叭也会被使用在呼唤人等情况。

二 灯光语言的实际应用

(1)在并道或者车流交汇的路段，相互抢道是很危险的，夜间需要并道的车辆可闪烁一次大灯提示；如果后车同意变道，就会减速让行，并闪一下大灯，表示“同意”；如果后车不同意，或条件不允许，会连闪几下大灯表示“拒绝”；

(2)超车时建议多用闪灯提示。夜间可使用闪灯提醒对向来车关闭远光灯；

(3)连续闪烁三下大灯表警示作用，可表示路况或车况有问题需警惕。

项目九 特殊路况及天气下的驾驶

一 冰雪天气驾驶

1 行车前的准备

冰雪地区行车，必须携带防滑链、三角木、绳索、铁锹等防滑物品和必要的防寒用品。

2 驾驶方法

没有安装防滑链的车辆在雪地起步时，可采用比平时高一级挡位，利用离合器半联动和轻加油的办法实现平稳起步。

需要停车时，应提前减速或减挡，缓慢地刹车；前方遇有情况时，应提前降速，必要时换入低速挡控制，尽量避免急刹。

有车辙的路段应循车辙行驶，方向盘不可急打急回，以防车辆侧滑偏出道路。

超、会车应选择比较安全的地段靠右侧慢行，适当增大两车的横向间距，且与路边保持一定距离，必要时，可在较宽的地段停车让行。

雪地尾随行驶时纵向间距为正常道路条件的1.5～3倍。

当车辆发生侧滑时，应立即缓慢、适当地向后轮侧滑的一方转方向盘，可连续数次回转方向盘，以便调整车身。

二 雾天驾驶

1 雾天对行车的影响

(1)雾天能见度低，影响视觉识别，易因看不清路况引发交通事故；

(2)雾天还会导致路面湿滑，甚至结冰结霜，都极易产生侧滑。

2 驾驶方法

(1)应打开防雾灯及示宽灯，根据能见度控制车速，适时鸣笛，以引起行人和车辆注意；缓慢行驶，并保持安全距离；

(2)雾较大时，可间歇使用雨刮器改善视线；用除霜功能清除玻璃上的水珠；

(3)雾天能见度较低时，应先将车开到路边安全地带或停车场，等能见度好转时再上路行驶。

密切注意路面及地理环境，尤其是通过村庄、路口、车站及行驶于山路转弯处时，应仔细观察周围情况，做好避让停车的准备。

雾天尾随行车时，应密切注意前车动态，保持较大的跟车距离，适当控制车速，切不可急打方向急刹车急加油，以防侧滑。

三 雨天驾驶

(1)行车前应检查刹车、雨刮器等是否正常;

(2)雨天驾驶者和路上行人视线受限,需格外小心;

(3)路面湿滑,影响刹车,容易发生侧滑;

(4)应将车速控制在规定的范围内,并根据实际需要调整车速;

(5)发生“水滑”时,不要急刹车或猛打方向,应紧握方向盘,逐渐松油门,让车速自然减缓,即待“水滑”消失,再缓缓前行。

蒙蒙细雨中的行人和骑车者,因头戴雨帽,致使视线、听觉都受到限制,一手握车把,一手撑伞骑自行车者更是左右摇晃,对交通情况不易看清,车辆临近时,预防其突然转向或滑倒。

雨中遇到行人时,要提前减速、鸣喇叭,严禁争道强行,不要从行人身边急速绕过,与其保持一定的安全距离,以免溅起的泥水弄脏行人的衣服。

四 夜间驾驶

夜间与白天的差别很大，需正确使用灯光，掌握夜间安全驾驶规律。

1 正确使用灯光

（1）光线暗时应提前开启前照灯；

（2）夜间起步要开启近光灯，待车停稳后再关闭灯光。

2 驾驶方法

（1）检查灯光有无损坏，调整远、近光的照射范围；将车灯（包括大、小灯、侧灯、转向指示灯、示宽灯、后尾灯、防雾灯）、风窗玻璃、后视镜擦拭干净；

（2）夜间跟车行驶时，后车不得使用远光灯；

（3）夜间行驶尽量避免超车，若超车时，变换远、近灯光示意，确认被超车辆让车后，开近光灯，加速超越；

（4）会车时距对面来车150米以外应互闭远光灯，改用近光灯；如对方来车不改用近光灯时，应及时减速让路，必要时停车让行。

项目十 实际道路驾驶应试演练

训练目标：掌握在不同交通环境下安全驾驶的基本操作要求，培养驾驶者控制车辆的能力。

一 上车准备

操作要求：上车前要逆时针绕车一周进行检查，确认安全。观察车辆外观有无损毁，周围环境是否安全，车底有无异常情况。打开车门前应观察后方交通情况。

注意事项：

（1）如发现车辆外观有损毁，周围环境不安全，车底有异常情况，应消除安全隐患后再上车；

（2）如果后方有车辆，非机动车或行人临近，待其通过后再上车。

起步

操作要求：

确认车门完全关好后再起步；调整座椅、头枕、后视镜，系好安全带；检查手刹、挡位，摘空挡(自动挡车辆位于 P 挡)；起动发动机；检查仪表，观察内、外后视镜，侧头观察后方交通情况；开启左转向灯，挂 1 挡(自动挡车挂 D 挡)，松手刹，起步；起步过程应平稳、无蹿动、无后溜，不熄火。

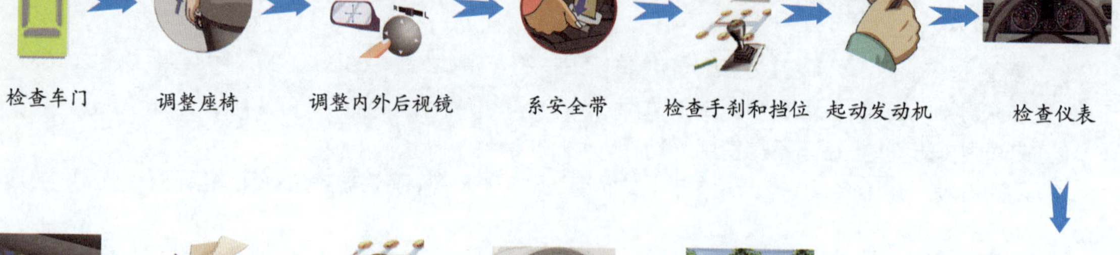

注意事项：

(1)手刹要放到底；

(2)发动后，要及时松开起动开关；

(3)路况复杂时，起步可合理使用喇叭(禁鸣区除外)；

(4)起步时，合理控制油门，发动机转速不要过高。

直线行驶

操作要求：根据道路情况合理控制车速，正确使用挡位，确保方向稳定，保持车辆直线行驶。跟车距离适当，仔细观察，遇前车制动或发现路面障碍物，要及时采取减速措施。

注意事项：

(1)不要骑轧车道中心实线或车道边缘实线；

(2)行驶过程中适时通过内、外后视镜观察后方交通情况，视线不得离开行驶方向超过 2 秒；

(3)直线行驶时，方向盘的转动量与汽车行驶速度成反比。

四 加减挡

操作要求：根据路况和车速，合理平稳地加、减挡，换挡及时、平顺，确保车辆运行速度和挡位匹配。

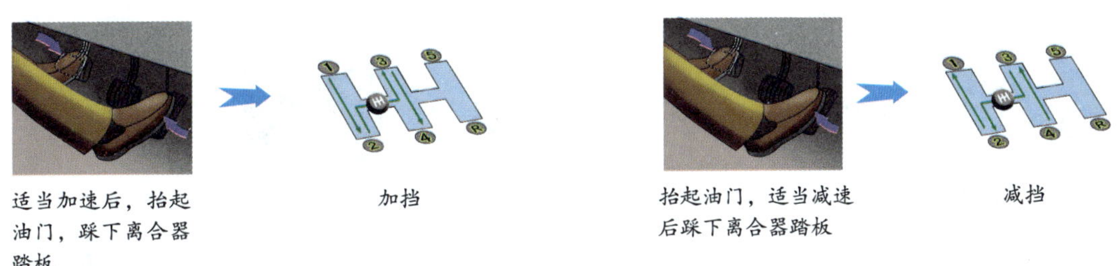

适当加速后，抬起油门，踩下离合器踏板

加挡

抬起油门，适当减速后踩下离合器踏板

减挡

注意事项：

(1)不要低头看挡位；

(2)换挡时离合要踩到底，避免出现变速器内齿轮撞击(俗称“打齿”)的情况；

(3)不要换错挡位，车辆运行速度要和挡位匹配。

五 变更车道

操作要求：要在确保安全的前提下谨慎变更车道。提前 3 秒打开转向灯或利用手势示意，提醒后方来车注意。通过内、外后视镜观察路况，判断车距，控制速度，确认不妨碍其他车辆正常行驶时，安全变更车道，变更完毕关闭转向灯。

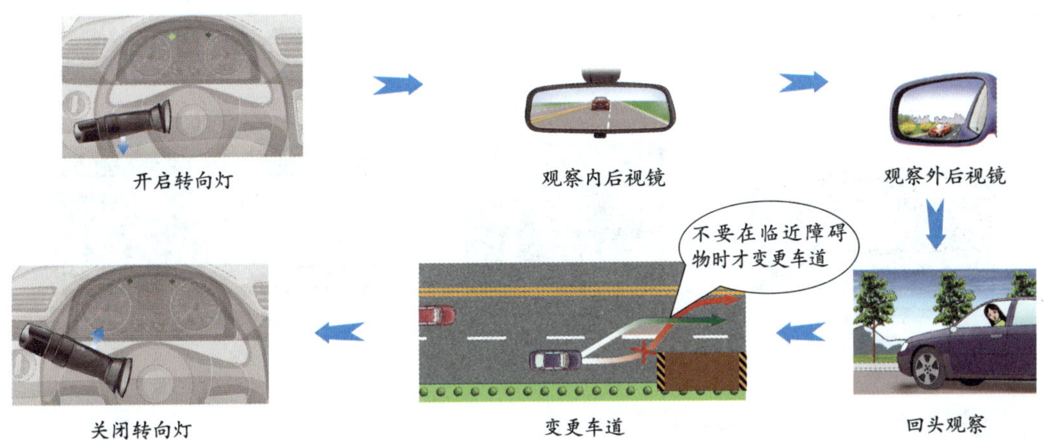

开启转向灯

观察内后视镜

观察外后视镜

回头观察

变更车道

关闭转向灯

注意事项：

(1)不能一次连续变更两条以上车道；

(2)变更车道时，合理判断车辆安全距离，控制行驶速度；

(3)不能长时间骑轧车行道分界线。

六 靠边停车

操作要求：开启右转向灯，通过内、外后视镜观察路况，确认安全后减速，向右靠边，平稳停车。拉手刹，关闭转向灯，熄火。停车后，车身距离道路右侧边缘线或者人行道边缘线30 厘米以内。下车开门应使用“考啦考啦开门法”。

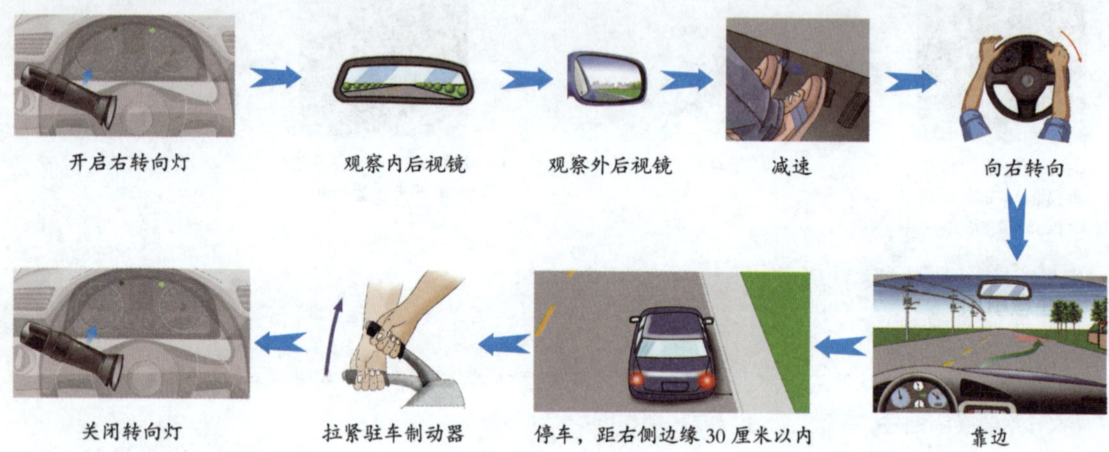

注意事项：

拉紧手刹前不要松刹车。

七 直行通过路口、路口左转弯、路口右转弯

操作要求：驾驶机动车通过路口时，要仔细观察路口两侧的交通情况，与前车保持足够的安全距离，减速或停车瞭望，礼让优先通行的车辆和行人，根据车辆行驶方向选择相应车道，提前开启转向灯。

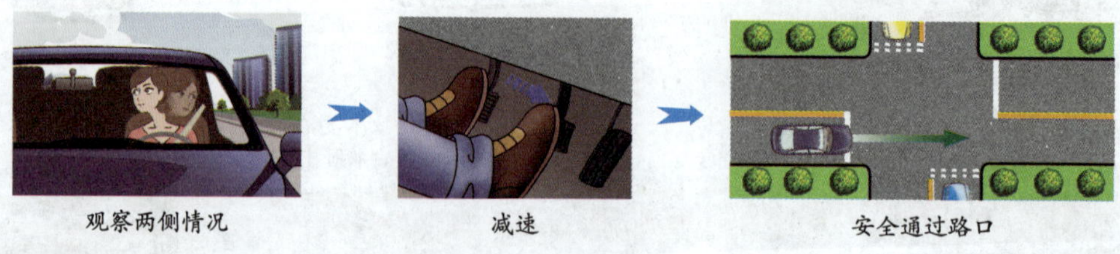

注意事项：

(1)注意观察侧前方及车辆盲区的交通情况；

(2)遇有路口交通阻塞时不要进入，将车辆停在路口外等候；

(3)左转通过路口时，靠路口中心点左侧转弯；

(4)转弯让直行，对向行驶右转让左转。

八 通过人行横道

操作要求： 驾驶机动车通过人行横道时，要减速慢行，观察路况，控制车速。礼让行人。

减速　　观察两侧情况　　停车礼让行人

九 通过学校区域

操作要求： 驾驶机动车通过学校区域，提前减速至 30 公里 / 小时以下，观察路况，注意与行人保持足够的安全距离，文明礼让，必要时停车。

制动　　减速至 30 公里 / 小时以下　　观察两侧情况　　停车，让学生先行

注意事项：

(1)时刻提防学生横穿道路；

(2)有学生队列横过道路时，应停车让行，不能鸣喇叭或加速抢行。

十 通过公共汽车站

操作要求： 驾驶机动车通过公共汽车站，提前减速慢行，观察公共汽车前后行人，如遇横穿道路，停车让行。

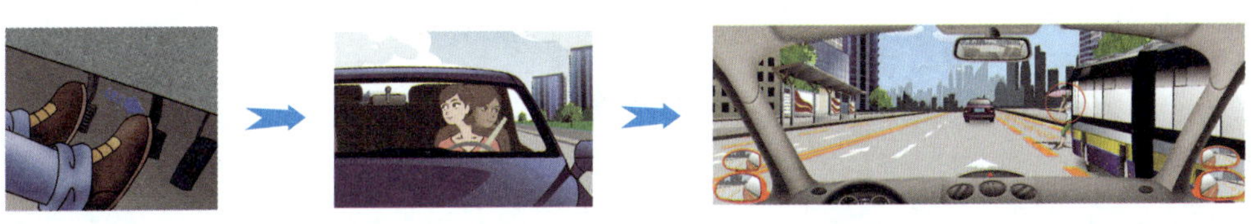

减速　　观察两侧情况　　注意公交车前后有无行人横穿道路

十一 会车

操作要求：正确判断会车地点，保持安全间距，注意有无其他行人、非机动车或机动车窜出。控制车速，提前避让，调整会车地点。

注意事项：

(1)在没有中心隔离设施或者中心线的道路上会车时，减速靠右行驶，与其他车辆、行人、非机动车保持安全距离；

(2)会车困难时不要强行会车；

(3)准确判断横向安全间距，不得紧急转向。

十二 超车

操作要求：超车前，保持安全车距。观察路况，开启左转向灯，鸣喇叭或使用闪灯，从左侧超车。超车时，侧头观察被超越车辆的动态，保持安全距离。在确认有足够的安全距离后，开启右转向灯，逐渐驶回原车道，关闭转向灯。

注意事项：

(1)超车前通过内、外后视镜和向左侧头观察后方和左侧交通情况；

(2)合理选择超车时机，不影响其他车辆正常行驶；

(3)超车时与被超越车辆保持安全距离；

(4)超车后不要急转向驶回原车道；

(5)单车道禁止右侧超车；

(6)当后车发出超车信号时，具备让车条件的要减速让行。

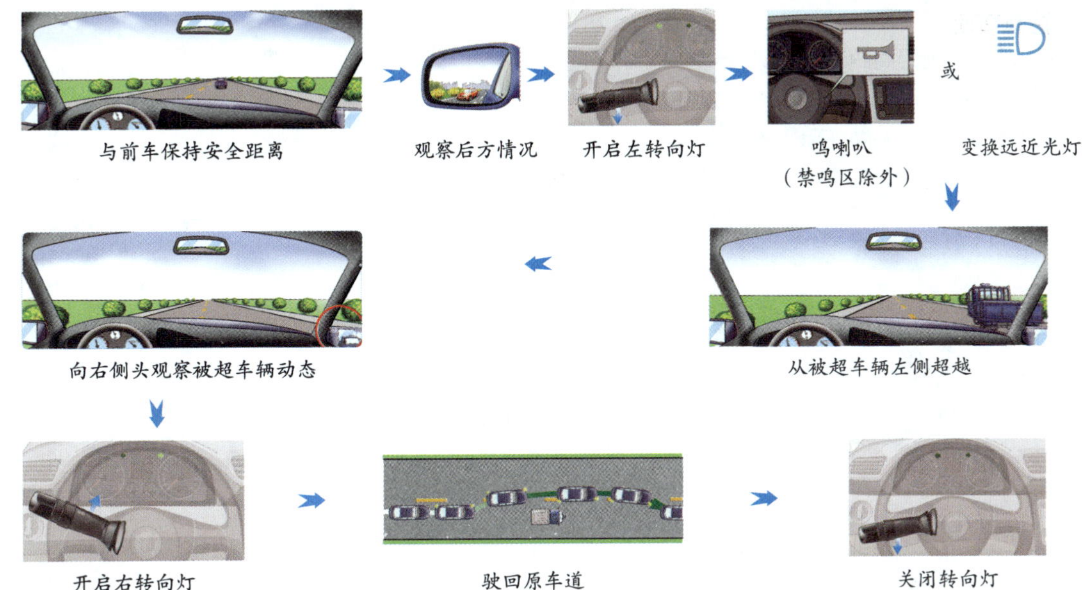

十三 掉头

操作要求：掉头时，首先降低车速，观察后方和对向车道，合理选择掉头地点和时机，开左转向灯掉头。不要妨碍其他车辆和行人的正常通行。

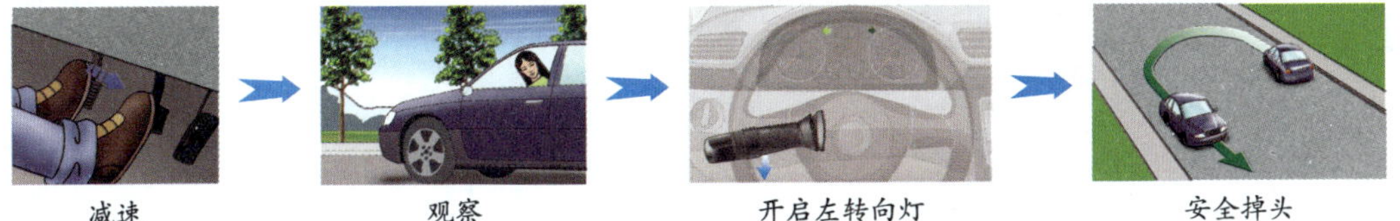

十四 夜间行驶

操作要求：夜间行驶时，起步前开启前照灯，根据道路情况和照明条件正确使用灯光。在无照明或照明不良的道路上行驶，可使用远光灯；在照明良好的道路会车、路口转弯、近距离跟车等，使用近光灯。超车、通过急弯、坡路、拱桥、人行横道或者没有交通信号灯控制的路口时，应闪灯示意。

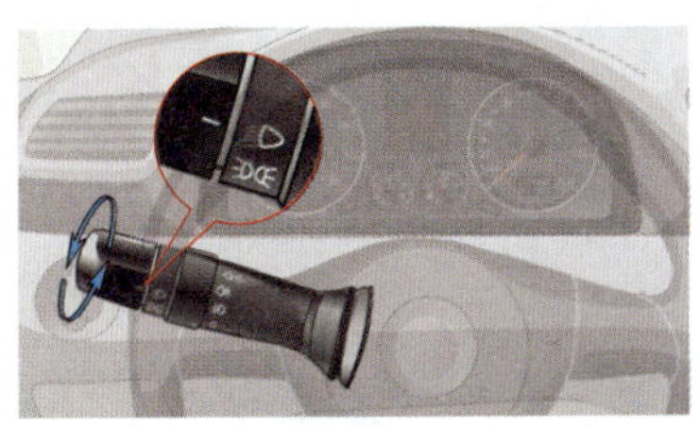

开启前照灯

远光灯开启

近光灯开启

开启远光灯或近光灯

注意事项：

(1)同方向近距离跟车行驶时，不能使用远光灯；

(2)会车时不能使用远光灯；

(3)通过路口时不能使用远光灯；

(4)在路边临时停车，要关闭前照灯并开启示廓灯。

附录一

各科目考试评判标准（小型汽车）

一、科目一

考试满分为100分，成绩达到90分的为合格。

二、科目二

1. 一般规定

考试满分为100分，考试小型汽车、小型自动挡汽车、低速载货汽车的，成绩达到80分的为合格。

2. 通用评判

评判情形	评判内容
不合格情形	不按规定使用安全带或者戴安全头盔的
	遮挡、关闭车内音视频监控设备的
	不按考试员指令驾驶的
	不能正确使用灯光、雨刮器等车辆常用操纵件的
	启动发动机时挡位未置于空挡(驻车挡)的
	起步时车辆后溜距离大于30厘米的
	不松驻车制动器起步，未及时纠正的
	驾驶汽车双手同时离开转向盘的
	使用挡位与车速长时间不匹配，造成车辆发动机转速过高或过低的
	车辆在行驶中低头看挡或连续2次挂挡不进的
	行驶中空挡滑行的
	视线离开行驶方向超过2秒的
	违反交通安全法律、法规，影响交通安全的
	不按交通信号灯、标志、标线或者交通警察指挥信号行驶的
	不按规定速度行驶的
	车辆行驶中骑轧车道中心实线或者车道边缘实线的
	长时间骑轧车道分界线行驶的
	对可能出现危险的情形未采取减速、鸣喇叭等安全措施的
	因观察、判断或者操作不当出现危险情况的
	行驶中不能保持安全距离和安全车速的
	行驶中身体任何部位伸出车外的
	制动、加速踏板使用错误的
	摩托车制动时不同时使用前、后制动器的
	考生未按照预约考试时间参加考试的

续上表

评判情形	评判内容
扣10分情形	启动发动机后，不及时松开启动开关的
	不松驻车制动器起步，但能及时纠正的
	驾驶姿势不正确的
	起步时车辆后溜距离小于30厘米的
	操纵转向盘手法不合理的
	起步或行驶中挂错挡，不能及时纠正的
	转弯时，转、回方向过早、过晚，或者转向角度过大、过小的
	换挡时发生齿轮撞击的
	遇情况时不会合理使用离合器半联动控制车速的
	因操作不当造成发动机熄火一次的
	制动不平顺的

3. 专项评判

评判情形	评判内容	评判标准
倒车入库	不按规定路线、顺序行驶	不合格
	车身出线	不合格
	倒库不入	不合格
	在倒车前，未将两个前轮触地点均驶过控制线	不合格
	项目完成时间超过规定时间	不合格
	中途停车	每次扣5分
坡道定点停车和起步	车辆停止后，汽车前保险杠或者摩托车前轴未定于桩杆线上，且前后超出50厘米	不合格
	车辆停止后，车身距离路边缘线超出50厘米	不合格
	起步超过规定时间	不合格
	车辆停止后，汽车前保险杠未定于桩杆线上，且前后不超出50厘米	扣10分
	车辆停止后，车身距离路边缘线超出30厘米，未超出50厘米	扣10分
	停车后，未拉紧驻车制动器	扣10分
侧方停车	车辆入库停止后，车身出线	不合格
	项目完成时间超过规定时间	不合格
	行驶中车轮触轧车道边线	每次扣10分
	行驶中车身触碰库位边线	每次扣10分
	出库时不使用或错误使用转向灯	扣10分
	中途停车	每次扣5分

续上表

评判情形	评判内容	评判标准
曲线行驶	车轮轧道路边缘线	不合格
	中途停车	不合格
	行驶时挡位未挂在二挡以上	扣5分
直角转弯	车轮轧道路边缘线	不合格
	转弯时不使用或错误使用转向灯，转弯后不关闭转向灯	扣10分
	中途停车	每次扣5分

三、科目三

1. 一般规定

1）道路驾驶技能考试满分为100分，成绩达到90分的为合格。

2）安全文明驾驶常识考试满分为100分，成绩达到90分的为合格。

2. 道路驾驶技能

1）通用评判

评判情形	评判内容
不合格情形	不按规定使用安全带或者戴安全头盔的
	遮挡、关闭车内音视频监控设备的
	不按考试员指令驾驶的
	不能正确使用灯光、雨刮器等车辆常用操纵件的
	启动发动机时挡位未置于空挡(驻车挡)的
	绿灯亮起后，前方无其他车辆、行人等影响通行时，10秒内未完成起步的
	起步时车辆后溜距离大于30厘米的
	驾驶汽车双手同时离开转向盘的
	单手控制转向盘时，不能有效、平稳控制行驶方向的
	车辆行驶方向控制不准确，方向晃动，车辆偏离正确行驶方向的
	不能根据交通情况合理选择行驶车道、速度的
	使用挡位与车速长时间不匹配，造成车辆发动机转速过高或过低的
	车辆在行驶中低头看挡或连续2次挂挡不进的
	行驶中空挡滑行的
	视线离开行驶方向超过2秒的
	违反交通安全法律、法规，影响交通安全的
	不按交通信号灯、标志、标线或者交通警察指挥信号行驶的

续上表

评判情形	评判内容
不合格情形	不按规定速度行驶的
	车辆行驶中骑轧车道中心实线或者车道边缘实线的
	长时间骑轧车道分界线行驶的
	起步、转向、变更车道、超车、靠边停车前不使用或错误使用转向灯的
	起步、转向、变更车道、超车、靠边停车前，开转向灯少于3秒即转向的
	争道抢行，妨碍其他车辆正常行驶的
	行驶中不能保持安全距离和安全车速的
	连续变更两条或两条以上车道的
	通过积水路面遇行人、非机动车时，有不减速等不文明驾驶行为的
	遇行人通过人行横道不停车让行，不主动避让优先通行的车辆、行人、非机动车的
	将车辆停在人行横道、网状线内等禁止停车区域的
	行驶中身体任何部位伸出窗外的
	制动、加速踏板使用错误的
	对可能出现危险的情形未采取减速、鸣喇叭等安全措施的
	因观察、判断或者操作不当出现危险情况的
扣10分情形	驾驶姿势不正确的
	起步时车辆后溜，但后溜距离小于30厘米的
	操纵转向盘手法不合理的
	起步或行驶中挂错挡，不能及时纠正的
	转弯时，转、回方向过早、过晚，或者转向角度过大、过小的
	换挡时发生齿轮撞击的
	遇情况时不会合理使用离合器半联动控制车速的
	因操作不当造成发动机熄火一次的
	不能根据交通情况合理使用喇叭的
	制动不平顺的
	遇后车发出超车信号，不按规定让行的

2）专项评判

评判情形	评判内容	评判标准
上车准备	未逆时针绕车一周检查车辆外观及周围环境	不合格
	打开车门前不观察后方交通情况的	不合格
起步	制动气压不足起步的	不合格
	车门未完全关闭起步的	不合格
	起步前，未观察内、外后视镜，回头观察后方交通情况	不合格

续上表

评判情形	评判内容	评判标准
起步	启动发动机时，挡位未置于空挡(驻车挡)	不合格
	不松驻车制动器起步，未及时纠正	不合格
	不松驻车制动器起步，但能及时纠正	扣10分
	发动机启动后，不及时松开启动开关	扣10分
	道路交通情况复杂时起步不能合理使用喇叭	扣5分
	起步时车辆发生闯动的	扣5分
	起步时，加速踏板控制不当，致使发动机转速过高	扣5分
	启动发动机前，不检查调整驾驶座椅、后视镜、检查仪表	扣5分
直线行驶	方向控制不稳，不能保持车辆直线运行	不合格
	遇前车制动时不及时采取减速措施	不合格
	不适时通过内、外后视镜观察后方交通情况	扣10分
	未及时发现路面障碍物或发现路面障碍物未及时采取减速措施	扣10分
加减挡位操作	未按指令平稳加、减挡	不合格
	车辆运行速度和挡位不匹配	扣10分
变更车道	变更车道前，未通过内、外后视镜观察，并向变更车道方向回头观察后方道路交通情况	不合格
	变更车道时，判断车辆安全距离不合理，妨碍其他车辆正常行驶	不合格
	变更车道时，控制行驶速度不合理，妨碍其他车辆正常行驶	不合格
靠边停车	停车前，不通过内、外后视镜观察后方和右侧交通情况，并回头观察确认安全	不合格
	考试员发出靠边停车指令后，未能在规定的距离内停车	不合格
	停车后，车身超过道路右侧边缘线或者人行道边缘	不合格
	需要下车的，在打开车门前不回头观察左后方交通情况	不合格
	下车后不关闭车门	不合格
	停车后，车身距离道路右侧边缘线或者人行道边缘超出50厘米	不合格
	停车后，车身距离道路右侧边缘线或者人行道边缘超出30厘米，未超出50厘米	扣10分
	停车后，未拉紧驻车制动器	扣10分
	拉紧驻车制动器前放松行车制动踏板	扣10分
	下车前不将发动机熄火	扣5分

续上表

评判情形	评判内容	评判标准
直行通过路口、路口左转弯、路口右转弯	不按规定减速或停车瞭望	不合格
	不观察左、右方交通情况，转弯通过路口时，未观察侧前方交通情况	不合格
	不主动避让优先通行的车辆、行人、非机动车	不合格
	遇有路口交通阻塞时进入路口，将车辆停在路口内等候	不合格
	左转通过路口时，未靠路口中心点左侧转弯	扣10分
通过人行横道线、学校区域、公共汽车站	不按规定减速慢行	不合格
	不观察左、右方交通情况	不合格
	未停车礼让行人	不合格
会车	在没有中心隔离设施或者中心线的道路上会车时，不减速靠右行驶，或未与其他车辆、行人、非机动车保持安全距离	不合格
	会车困难时不让行	不合格
	横向安全间距判断差，紧急转向避让对方来车	不合格
超车	超车前，不通过内、外后视镜观察后方和左侧交通情况并回头观察确认安全	不合格
	超车时机选择不合理，影响其他车辆正常行驶	不合格
	超车时，未回头观察被超越车辆动态	不合格
	超车时未与被超越车辆保持安全距离	不合格
	超车后，驶回原车道前，不通过内、外后视镜观察后方和右侧交通情况并回头观察确认安全	不合格
	在没有中心线或同方向只有一条行车道的道路上从右侧超车	不合格
	当后车发出超车信号时，具备让车条件不减速靠右让行	扣10分
掉头	不能正确观察交通情况选择掉头时机	不合格
	掉头地点选择不当	不合格
	掉头前未开启左转向灯	不合格
	掉头时，妨碍正常行驶的其他车辆和行人通行	扣10分
夜间行驶、模拟夜间灯光使用	不能正确开启灯光	不合格
	同方向近距离跟车行驶时，使用远光灯	不合格
	通过急弯、坡路、拱桥、人行横道或者没有交通信号灯控制的路口时，不交替使用远近光灯示意	不合格
	会车时不按规定使用近光灯	不合格

续上表

评判情形	评判内容	评判标准
夜间行驶、模拟夜间灯光使用	通过路口时使用远光灯	不合格
	超车时未交替使用远近光灯提醒被超越车辆	不合格
	在有路灯、照明良好的道路上行驶时，使用远光灯	不合格
	在路边临时停车不关闭前照灯或不开启示廓灯	不合格
	进入无照明、照明不良的道路行驶时不使用远光灯	扣5分

3. 安全文明驾驶常识

安全文明驾驶常识评判按2)规定执行。

附录二

易混淆的交通标志辨识

	窄桥		注意落石		渡口
	两侧变窄		傍山险路		过水路面（漫水桥）
	有人看守铁路道口		停车让行		禁止机动车驶入
	无人看守铁路道口		减速让行		禁止小型客车驶入
	禁止通行		禁止停车		禁止鸣喇叭
	禁止驶入		禁止长时停车		鸣喇叭
	机动车行驶		错车道		步行
	机动车车道		紧急停车带		人行横道
	非机动车行驶		环岛行驶		注意行人
	非机动车车道		环形交叉路口		注意儿童
	隧道		事故易发路段		左侧通行
	隧道开车灯		注意危险		右侧通行

Y 形交叉路口

注意牲畜

注意潮汐车道

注意合流

注意野生动物

注意保持车距

会车让行

限制速度（最高限速）

直行

会车先行

最低限速

单行路（直行）

双向交通

解除限制速度

直行车道

驼峰桥

反向弯路

停车场预告

路面不平

连续弯路

停车区预告

路面高突

易滑

服务区预告

吐 嘈

学车过程中的各种事

驾校名称：

吐槽内容：

期待您的建议和意见

我们想做的更好！

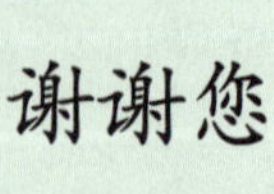

谢谢您

集团荣誉

经过多年努力，利安集团得到了行业的高度认可和广泛赞誉。集团所辖校区连续多年被评选为河北省先进驾培企业，荣膺“中国诚信品牌单位”“2018中国品牌创新示范单位”“改革开放40周年中国诚信建设标杆企业”，“利安”品牌被评为“改革开放40周年中国交通诚信力品牌”。集团董事长马宏先生也被中国管理科研院企业管理创新研究所聘请为“人工智能与安全驾驶行为研究中心主任”，荣获“全国交通运输行业十大诚信企业家”“中国商界诚信领袖”“中国运输风范人物”“品牌中国交通行业十大诚信企业家”“改革开放40周年影响中国经济建设十大诚信企业家”等多项国家级荣誉称号。在全国近千所驾校参与的“全国信用驾培倡导大会”上，利安集团董事长马宏先生代表行业做主旨演讲，为行业树立了信用标杆。在连续两届“机动车驾驶培训与道路交通安全国际论坛”上，马宏先生都代表中国驾培业做了精彩的主旨发言，将中国驾培人坚守正道，利人己安的精神传向世界。

利安集团服务承诺

★全程一费制。

★公开校区校长电话、集团投诉电话，15分钟内回复解决问题。

★学员如遇“吃、拿、卡、要”等违反规定的问题，只要提供证据，奖励10000元现金。